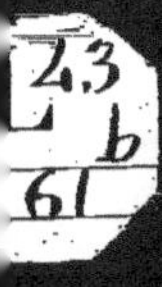

MÉMOIRE

AUX CONSULS,

POUR

LES ACQUÉREURS DES DOMAINES NATIONAUX

Qui ont souscrit des obligations en vertu de la loi du 11 frimaire an 8. (*).

> Le nouveau délai accordé aux acquéreurs de domaines nationaux, doit être regardé moins comme une faveur que comme un devoir. Cette classe de citoyens a lié irrévocablement son existence à celle de la République ; elle sera dans tous les tems le plus ferme soutien du Gouvernement : il importe donc de lui accorder la plus vaste protection et les plus grands encouragemens.
>
> *Extrait du Rapport du citoyen Depeyre, au nom de la Section des finances, pour l'app. de la loi du 11 frimaire an 8.* Moniteur, N°. 70, fol. 286.

DANS la lutte que la République française a été obligée de soutenir pour le maintien de son existence politique, elle a dû faire emploi de toutes ses ressources ; et de toutes celles qui ont allégé, pour les Français, le poids des impôts, il n'en est pas qui aient procuré des moyens plus sûrs et plus efficaces que l'aliénation des Domaines nationaux.

Les acquéreurs de ces biens se sont unis par un contrat particulier à la cause de la liberté.

Si les citoyens courageux qui ont sacrifié leur fortune à l'acquisition des Domaines nationaux, ont eu des difficultés à vaincre, des dégoûts à surmonter ; s'ils ont été continuellement en butte aux machinations perfides des ennemis de la

(*) Chaque souscripteur a réclamé individuellement aussi-tôt qu'il a été sommé par le Préfet du département de Jemmappes ; mais ces réclamations étaient inutiles : tout était décidé avant même que les sommations fussent faites ; ainsi qu'on le voit par les pièces imprimées à la suite de ce mémoire.

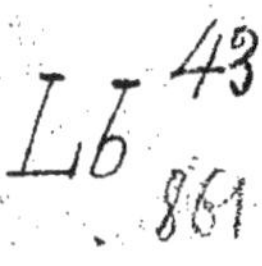

République, et s'ils sont encore aujourd'hui singulierement notés aux yeux prévenus de la multitude, le Gouvernement, par une volonté constante, dont il ne se départira jamais, les couvre de sa protection puissante. (1)

C'est à l'abri de cette protection, c'est sous la garantie formelle des lois que l'on voit, sur tous les points du territoire français, s'accroître chaque jour le nombre des citoyens qui ont irrévocablement lié leurs destinées à celles de la République.

Parmi cette classe intéressante et nombreuse de citoyens, les Législateurs et le Gouvernement ont souvent distingué les habitans des *neuf départemens réunis*; ces acquéreurs méritaient en effet une distinction toute particulière; car, quoique d'un pays conquis, et nouvellement réunis à la France, ils se sont indentifiés avec la République, et n'ont point calculé les hasards nombreux de la guerre, qui pouvaient les remettre sous la domination de l'ancien souverain. (2)

C'est pour ceux de ces Citoyens qui ont donné l'impulsion, et qui seraient aujourd'hui victimes de leur zèle et de leur confiance, que je réclame auprès du Gouvernement contre un abus d'autorité, contre la violation d'une loi formelle, et enfin contre le renversement de tous les principes de justice et d'équité.

FAITS.

La loi du 9 vendémiaire, qui avait établi un nouveau mode de paiement des Domaines, était à peine publiée dans les *Départemens réunis*, que l'on y eut connaissance du traité de paix définitif conclu le 26 vendémiaire avec l'Empereur.

Une cession formelle de l'ancien souverain, consolidant par ce traité la réunion définitive de ces Départemens à la France, beaucoup d'habitans, devenus créanciers de l'état, voulurent profiter des dispositions de la loi du 9 vendémiaire.

Aucune loi, il est vrai, ne réglait encore le mode de liquidation de leurs créances, mais ils avaient pour garantie le traité de Campo-Formio, par lequel la République française s'était chargée de les liquider.

Les habitans du département de *Jemmappes*, dont la masse des créances à liquider était plus forte qu'aucune de celles des autres départemens réunis, se portèrent en foule aux séances d'adjudication.

(1) Rapp. d'Arnould. Mon. numéro 70, fol. 277, premier semestre de l'an 8.

(2) On doit observer que, malgré la crainte (souvent très-fondée) d'une invasion, les domaines ont été vendus, dans les départemens réunis, un quart de plus que dans toutes les autres parties de la France.

La concurrence fut telle que les enchères s'élevèrent à plus de 20 fois les estimations. (3). L'universalité des citoyens y était en quelque sorte intéressée ; car, dans ce département, il était peu d'individus qui n'eussent des droits à prétendre et des liquidations à espérer.

La loi du 5 prairial an 6, relative à la liquidation des neuf départemens réunis, ayant désigné quelles créances le Gouvernement prenait a sa charge, et indiqué les formalités à suivre pour obtenir la liquidation, beaucoup d'acquéreurs se trouvèrent dans l'embarras par les difficultés que présentait le mode de liquidation.

Dès lors l'inquiétude fut générale, l'affluence disparut, il n'y eut plus de concurrence, le prix des biens diminua sensiblement, et le Gouvernement crut prudent de provoquer la loi du 29 fructidor, qui ordonna la suspension des ventes.

Cette suspension ne produisit point l'effet qu'on devait en attendre. Bientôt des bruits de guerre, les troubles dont ces départemens furent le théatre, et beaucoup d'acquéreurs les victimes, firent disparaître le crédit.

La liquidation présentait si peu d'avantage que beaucoup de créanciers, même aprés avoir avancé des frais préliminaires, assez considérables, préféraient de courir la chance de tout perdre.

Cette opération qui devait mettre en circulation plusieurs milliards de valeurs mortes, produisit à peine la trentième partie que l'on avait droit d'attendre.

Aucune loi ne fixait un terme à la liquidation ; le travail d'une année entière ne suffisait pas pour acquitter le dixième des adjudications faites en dix mois, l'embarras allait toujours croissant, lorsqu'intervint la loi du 27 brumaire an 7.

Les Législateurs convaincus de l'insuffisance des valeurs admises en paiement, reconnoissant que c'était par une cause indépendante de leur volonté qu'ils étaient en retard de s'acquitter, trouvèrent convenable de changer le mode de paiement. (4)

Mais en opérant ce changement ils donnèrent la faculté de résilier du contrat primordial, et substituèrent la peine de déchéance à celle de folle enchère prescrite par la loi du 16 brumaire an 5. (5)

(3) Dans le cours de dix mois environ que les ventes ont été faites en exécution de la loi du 9 vendémiaire, il y a eu 1068 articles adjugés. Sur une estimation de 19,020,541 l., le prix des adjudications a été porté, valeur nominale, à 389,522,675 l., dont 7,132,703 l., pour la partie dite *numéraire*, payable en *tiers-consolidés*, et 382,989,972 l., pour celle dite *dette publique*.

(4) Considérant que la quantité de bons de remboursemens des deux tiers de la dette publique, et des effets équivalens, émis jusqu'à ce jour, est insuffisante pour le paiement des domaines nationaux vendus, et qu'il importe de fournir promptement aux acquéreurs, les moyens de se libérer..... Loi du 27 brumaire an 7. Bull. 241, l. 2188.

(5) Art. V de la loi. Ibidem.

Le nouveau mode de liquidation était plus onéreux que profitable à l'universalité des acquéreurs ; bien loin d'améliorer leur condition, on exigeait d'eux plus qu'ils ne devaient : il est vrai qu'ils avaient la faculté de renoncer à leurs acquisitions, mais en prenant ce parti extrême, ils étaient obligés d'abandonner les sommes considérables qu'ils avaient payées. La loi en effet se taisait sur ce point important.

Cette loi était bien loin d'atteindre le but que le Gouvernement s'était proposé. Les rentrées devaient être nulles, il était impossible à la masse des acquéreurs de se libérer.

Les habitans du département de Jemmappes firent à ce sujet une réclamation qui fut renvoyée à la commission, qui depuis a proposé la loi du 16 floréal an 7. (6)

Cette nouvelle loi ne produisit pas encore l'effet qu'en attendait le Gouvernement, le mode de liquidation était le même, on y conservait la simple déchéance, et on ne parlait nullement de la restitution des sommes payées.

On n'osait pas encore appliquer les grands principes de justice et d'équité. On sentait bien qu'on ne pouvait changer le contrat sans renoncer aux droits qu'il donnait ; mais le vendeur, en faisant une loi de sa novation, n'indemnisait pas l'acheteur, ainsi que l'exigeait l'étroite justice.

Le Gouvernement touchait à sa décadence, il tâtonnait : il fallait un Gouvernement fort et ferme dans ses principes, qui ne crût point déroger à sa puissance en se soumettant aux règles immuables de la justice.

Mais ce que n'osait, ce que ne pouvait faire le Directoire, un Gouvernement provisoire n'a pas craint de le faire.

Quoique dans son enfance, quoiqu'entouré d'ennemis, le Consulat n'a pas hésité de revenir à ce qu'exigeait l'équité.

Il sentait que la confiance et le crédit sont la force de tout gouvernement, et que pour amener l'un et l'autre il faut renoncer à ces actes arbitraires qui froissent continuellement les droits et l'intérêt des citoyens.

Si les citoyens qui avaient acquis en exécution de la loi du 9 vendémiaire, victimes de leur trop grande confiance dans les promesses du Gouvernement, avaient trouvé grace sous un régime tout fiscal, ils devaient obtenir justice de celui qui promet de si hautes destinées à la France. (7)

(6) Cette réclamation se trouve chez Baudouin, Imprimeur du Corps législatif. Elle est imprimée à la suite d'une motion d'ordre faite par Foncez, du département de Jemmappes, en la séance du 24 ventôse an 7.

(7) Voyez l'épigraphe en tête de ce mémoire.

C'est ce qu'à fait la loi du 11 frimaire an 8.

Non seulement elle accorde un nouveau délai aux acquéreurs en retard de payer. (8). Non seulement elle leur donne la faculté de renoncer à leurs acquisitions, et regarde comme une renonciation leur silence, ou le défaut de paiement des obligations consenties en exécution de cette loi, (9), mais encore elle ordonne en cas de renonciation la restitution des sommes payées par les acquéreurs qui se laisseraient déchcoir. (10)

Quelques acquéreurs ont préféré renoncer de suite; ainsi le mois expiré sans qu'ils aient fait la déclaration prescrite par la loi (11), ils ont été irrévocablement déchus et dépossédés de plein droit, c'est-à-dire, que le contrat de vente fait à leur profit, par la République, a été résilié : les contractans se sont trouvés au même et semblable état qu'ils étaient avant la vente; sauf *la liquidation des sommes payées.*

Les autres calculant leurs ressources, ont cru pouvoir profiter des délais accordés par la loi; la paix, que tout semblait annoncer, était d'un augure favorable, mais la continuation de la guerre, en dissipant leur illusion, les a mis dans l'impossibilité de faire usage de leurs moyens.

Aujourd'hui qu'ils ne peuvent acquitter leurs obligations, ils usent de la faculté que leur donne la loi, et préfèrent abandonner leurs acquisitions. (12).

Le défaut de paiement de ces obligations entraînant la déchéance de plein droit, et sans qu'il soit besoin d'aucune formalité, leur contrat se trouve aussi résilié: par l'effet de cette résiliation, ils doivent être mis au même et semblable état qu'ils avant la vente, sauf la liquidation des sommes qu'ils ont payées sur le prix principal. (13)

On veut aujourd'hui les empêcher d'user de cette faculté, on prétend qu'ils ne peuvent invoquer la simple déchéance, que leur obligation n'était point conditionnelle et résolutoire, que l'on peut en poursuivre le paiement, non seulement par la revente à la folle-enchère, mais encore par action personnelle sur tous leurs biens, et on leur dit:

Vos obligations sont au porteur :

Elles ont pu être transmises par la République;

(8) Art. premier.

(9) Art. 10 et 11.

(10) Art. 14.

(11) Art. 10.

(12) Art. 11.

(13) Art. 14.

La loi du 11 frimaire, qui a *aboli* le mode de revente à la folle enchère, *relativement à la Republique*, n'a point altéré les droits des porteurs d'obligations:

Ces porteurs peuvent réclamer pour le recouvrement de vos obligations le mode d'exécution résultant des articles 16, 17, 18, de la loi du 16 brumaire an 5:

On ne peut se dispenser de déférer à leur réquisition : (14)

Il ne peut y avoir aucune discussion à cet égard :

La loi a prononcé, et c'est à l'administration à en suivre les dispositions: (15)

La difficulté que l'on fait naître est *purement* administrative :

C'est le Préfet *seul* qui est chargé de l'administration:

Le Conseil de préfecture ne doit donc point en connaître. (16)

Ce parti pris, on poursuit contre les souscripteurs de ces obligations la revente à la folle enchère, on ne veut point entendre leurs justes réclamations, on les éloigne de leurs juges naturels, on veut non seulement leur faire perdre ce qu'ils ont droit de réclamer pour les valeurs par eux payées, mais encore saisir et vendre leurs biens pour la différence qui pourra exister entre le produit de la revente et le montant des sommes dues; et dans une poursuite aussi rigoureuse on ne suit pas même le peu de formalités voulues par la loi du 16 brumaire.

On dirait que les porteurs de cédules ont pris à tâche de surpendre aux autorités supérieures des décisions précipitées, afin de forcer la main aux agents secondaires du Gouvernement, et frapper les malheureux acquéreurs avant qu'ils aient pu dénoncer ce déni de justice.

Leurs moyens sont nombreux, ils sont victorieux : la discussion dans laquelle je vais entrer va en démontrer l'évidence.

MOYENS.

Ils se divisent naturellement en moyens au fond et moyens de forme.

Sur le fond je dis que la loi du 11 frimaire an 8 ne prononce point la folle enchère; il y a plus, elle exclut réellement cette peine :

(14) Lettre du ministre des finances du 12 prairial an 8, N. 7 des pièces justificatives.

(15) Lettre du Conseiller d'Etat Regnier, Nos. 8 et 10, ibidem.

(16) Lettre du Préfet du département de Jemmappes, du 29 thermidor an 8, No. 11, ibidem.

Que les acquéreurs en souscrivant les obligations voulues par cette loi, ne croyaient pas, et n'ont pu croire qu'à défaut de paiement ils pourraient être poursuivis par la voie de folle enchère :

Qu'ils ne croyaient même pas que leurs obligations pussent, ni dussent être négociées :

La consultation de plusieurs jurisconsultes instruits, imprimée à la suite de ce mémoire (17), prouve jusqu'à l'évidence non seulement que la loi du 11 frimaire ne prononce pas la folle enchère, mais encore qu'elle en exclut toute idée.

Le ministre des finances est forcé d'en convenir (18) : mais il fait une distinction entre la République et ceux qui sont à ses droits ; et tout en convenant que la loi du 11 frimaire a aboli le mode de revente à la folle enchère, il restreint l'effet de cette loi à ce qui concerne les intérêts de la république seulement, et décide qu'elle n'a point *altéré les droits des porteurs*, ni le mode d'exécution résultant des articles 16, 17, 18 de la loi du 16 brumaire an 5.

Cependant dans les règles de la plus saine logique, si de l'aveu du ministre, la loi du 11 frimaire a aboli le mode de revente à la folle enchère, *relativement à la République*, elle l'a nécessairement aboli relativement à *tous ceux qui sont à ses droits*, et par suite relativement aux *porteurs d'obligations* souscrites en vertu de cette loi.

Car il est de principe incontestable que *personne ne peut transférer à un autre un droit qu'il n'a pas.*

Or les porteurs d'obligations sont au droit de la République : tout le droit qu'ils ont leur a été transféré par elle ; et c'est avec la République que l'on a contracté ; c'est à elle seule que les souscripteurs devaient.

On ne doit voir dans une loi que ce qui est écrit (19), et la seule chose qui soit bien marquée dans celle du 11 frimaire, c'est la déchéance, c'est la seule déchéance que le défaut de paiement des cédules entraîne, et nullement la folle enchère, parce qu'il n'y a que la déchéance d'*écrite* et que la folle enchère ne l'est pas.

La force d'une loi consiste dans sa propre existence, et on ne peut la méconnaître tant qu'elle subsiste. (20)

Or la loi du 11 frimaire *subsiste*, elle a sa propre existence en elle-même, on ne peut donc la *méconnaître.*

(17) Voir cette consultation ci-après No. 13.

(18) Lettre du ministre ci-après, No. 7.

(19) Arrêté du Directoire du 2 nivôse an 6, Bult. 170, Loi... 1625.

(20) Idem.

C'est en vertu de cette loi que les obligations ont été contractées, elle ne prononce point la revente à la folle enchère faute de paiement, elle ne prononce que la déchéance; donc encore une fois la revente à la folle enchère ne peut avoir lieu.

Allons plus loin : dans les principes généraux, les lois dont les dispositions sont en faveur de quelques personnes, ne doivent pas s'interpréter durement, ni s'appliquer à une manière qui tourne au préjudice des personnes que leur disposition veut favoriser. (21)

Ici la loi du 11 frimaire est tout en faveur des acquéreurs, c'est un *bienfait* qu'elle leur accorde. Tous les acquéreurs, dit-elle, sont tenus de déclarer qu'ils entendent profiter des *bénéfices* de la présente loi. (22)

Il ne faut donc pas l'interpréter durement; il ne faut donc pas l'expliquer d'une manière qui tourne à leur préjudice.

Ce serait la faire tourner au préjudice des acquéreurs, que de prétendre qu'en souscrivant les obligations qu'elle autorise, ils ont encouru la folle enchère. Elle ne prononce pas cette peine, elle ne prononce que la *déchéance*.

D'un autre côté les lois qui établissent des peines, celles qui prescrivent certaines formalités, s'interprètent de sorte qu'on ne les applique pas au-delà de leurs dispositions, et qu'au contraire on y donne tous les tempéramens d'équité et d'humanité qu'elles peuvent souffrir. (23)

Or, la loi du 11 frimaire *établit une peine* contre les souscripteurs d'obligations qui seront en faute de les fournir et *acquitter* : c'est *la déchéance de plein droit et leur dépossession, sans qu'il soit besoin d'aucune formalité*. (24)

C'est donc cette seule peine que l'on peut appliquer, et non la folle enchère : prononcer la folle enchère, c'est aller au-delà de la disposition de la loi; c'est vouloir ce qui n'y est pas écrit; c'est ajouter, et ce qui est plus odieux, ajouter une peine à sa disposition; enfin c'est méconnaître son existence, ce qui est contraire à tous les principes, à la raison et à l'équité.

Il y a plus, on veut trouver dans cette loi une peine qu'elle a réellement abolie.

La loi du 11 frimaire est la suite de celle du 27 brumaire an 7 (25), qui après avoir changé le mode de paiement des domaines nationaux, acquis en vertu

(21) Domat, lois civiles, liv. 1, sect. 2, No. 14.

(22) Loi du 11 Frimaire, art. 10. Bull. 331. Loi 3446.

(23) Domat, lois civiles, liv. 1, sect. 22, No. 13.

(24) Art. 11.

(25) Bull. 241, Loi... 2188.

des lois des 9 vendémiaire, 16 et 24 frimaire, a *innové* le contrat existant entre la République et les acquéreurs, et *substitué* une simple déchéance emportant résiliation du contrat envers ceux qui ne payaient point d'après le nouveau mode indiqué par cette loi.

C'est ce qui résulte de l'article 5, ainsi conçu : „ A l'expiration des quatre mois „ accordés par les articles précédents, *les acquéreurs en retard de payer seront* „ *déchus de plein droit*. Le receveur du domaine national du chef-lieu de chaque „ département en remettra l'*état certifié* par lui à l'administration centrale, et „ celle-ci, *sans sommation préalable, remettra en vente* les domaines non payés „

Ces mots *remettra en vente sans sommation préalable* supposent qu'il n'y a aucune peine infligée contre *les acquéreurs en retard de payer* : car les articles 16, 17 et 18 de la loi du 16 brumaire an 5, qui règlent le mode de poursuite de revente à la folle enchère, exigent des *sommations et itératives sommations préalables* ; formalités devenues inutiles dans le cas de *déchéance* dont l'effet est de *résilier simplement le contrat*.

La loi du 16 floréal qui a précédé celle du 11 frimaire, est encore plus positive ; (26) ; car partant du principe *d'innovation* posé par la loi du 27 brumaire, elle *proroge la faveur* accordée par cette dernière loi (27), ordonne la souscription d'obligations à termes (28), et ne *prononce d'autre peine*, à défaut de paiement, *que la simple déchéance*, ainsi qu'on le voit par l'article 8, conçu en ces termes : „ A l'expiration de chaque mois du nouveau délai, le receveur du domaine „ national transmettra à l'administration centrale l'état des paiemens faits en „ vertu des obligations autorisées par les articles précédens. Il transmettra aussi „ *la liste des obligés* qui n'auront pas *rempli leurs engagemens* : ces *derniers* „ seront *déchus de plein droit*, et l'administration *revendra* les biens qu'ils avaient „ acquis suivant *le mode établi par la loi du 26 vendémiaire an 7*. "

Qui ne voit dans ces mots *revendra suivant le mode établi par la loi du 26 vendémiaire*, le rejet formel de toute exécution par folle enchère ?

Si la *déchéance* eût entraîné la *folle enchère*, on eût indiqué pour la *revente* le mode qui avoit été *suivi lors de la première adjudication*, et non celui qui venait d'être adopté pour les ventes à faire.

La loi du 11 frimaire ne fait que rappeller ces dispositions ; elle a pour but de proroger la faveur accordée aux acquéreurs de domaines, en exécution de la

(26) Bult. 278, Loi 2877.

(27) Considérant que plusieurs acquéreurs de domaines nationaux en exécution de la loi du 9 vendémiaire an 6, *n'ont pas eu un délai suffisant* pour s'acquitter suivant le mode établi par la loi du 27 brumaire an 7 ; que ce délai est expiré, etc. etc. ibidem.

(28) Ibid., art. 4.

loi du 9 vendémiaire an 6, et de faire participer à ces bienfaits tous les acquéreurs, quel que soit la loi en vertu de laquelle ils ont acquis.

C'est ce qui résulte du rapport du ministre des finances sur lequel a été provoqué cette loi : on y remarque le passage suivant :

„ *Le système des déchéances* en matière d'adjudication des domaines nationaux „ *est en effet préférable à l'expropriation par la voie de folle enchère.* "

„ Jusqu'à présent ce dernier mode n'a servi qu'à jetter de la *défaveur sur les* „ *reventes*, et a faire naître entre le fol enchéri, le nouvel adjudicataire et la „ République des contestations interminables. "

„ Il est d'ailleurs reconnu impraticable dans l'exécution, depuis que les conditions „ de paiement ont sans cesse varié. . . . Enfin *il a déja été abandonné dans* „ *certaines circonstances*, et il paraît *convenable*, ne fût-ce que pour l'unifor- „ mité de la législation, d'appliquer à tous les acquéreurs *ce qui n'a été décrété* „ *qu'à l'égard de quelques-uns.* „ (29)

Ces derniers mots, *ce qui n'a été décrété qu'à l'égard de quelques-uns*, concernent particulièrement les réclamans, comme ayant acquis, en vertu de la loi du 9 vendémiaire, et ayant en leur faveur celles des 27 brumaire et 16 floréal.

Or, ces lois avaient aboli la peine de folle enchère, à l'égard des acquéreurs, en exécution de la loi du 9 vendémiaire an 6, donc celle du 11 frimaire, qui ne fait que *proroger les délais* pour le paiement et *étendre* à tous les acquéreurs *indistinctement* leurs dispositions bienfaisantes, a aussi aboli la folle enchère.

Les lois des 16 pluviose (30), 9 germinal (31), 2 fructidor an 5 (32) et 26 vendémiaire an 7 (33), qui ont voulu maintenir les reventes à la *folle*

(29) Extrait du rapport du ministre des finances du 2 frimaire. Monit. N. 70, fol. 276, an 8.

(30) Bult. 105, loi 996.

Art. 8. En cas de *non paiement* des obligations à leur échéance, il sera *procédé* contre les débiteurs *ainsi et de la manière ordonnée par les articles* 16, 17, *de la loi du* 16 *brumaire.*

Art. 9. Si après les formalités prescrites par l'article précédent, le redevable, ect. . . . . le bien sera *revendu dans les formes établies par la loi du* 16 *brumaire.*

(31) Bull. 116, loi 1112.

Art. 10. Faute de paiement dans les délais indiqués, les bâtimens *seront revendus dans les formes de la première vente*, à la diligence du commissaire du directoire exécutif près l'administration centrale, *en se conformant* aux troisième et quatrième dispositions *de l'article* 18 *de la loi du* 16 *brumaire.*

(32) Bull. 138, loi 1366.

Art. 5. En cas *de revente sur folle enchère*, prescrite par l'art. 18 de la loi du 16 brumaire, l'excédent du prix de la revente, s'il y en a, sera payable au trésor public.

(33) Bull. 233, loi 2092.

Art. 16. Les articles 15, 16, 17 et 18 de la loi du 16 brumaire an 5, relatifs aux mesures à prendre pour assurer le paiement des obligations. . . . . . sont *maintenus et continueront d'être exécutés.*

enchère, ne s'expriment pas comme celles des 27 brumaire, 16 floréal an 7 et 11 frimaire an 8 : des clauses particulières rappellent les dispositions de la loi du 16 brumaire, et en ordonnent l'exécution.

De ce rapprochement il résulte que toutes les fois que les législateurs ont voulu maintenir la revente à la folle enchère, ils l'ont expressément ordonné; d'où il faut conclure que le silence gardé à cet égard par la loi du 11 frimaire suffirait seul pour convaincre qu'elle a aboli la revente à la folle enchère.

Toutes ces lois et tous les rapports qui peuvent servir à leur interprétation, présentent la *déchéance*, comme substituée à la *folle enchère*; il y a plus, la *décheance* est choisie comme plus avantageuse (34). C'est sous la foi de ces promesses que les acquéreurs ont contracté, en le faisant ils n'ont cru prendre qu'un engagement résolutoire, dans le cas où les ressources sur lesquelles ils avaient droit de compter, venant à leur manquer, ils se verraient dans la dure nécessité de renoncer à leur marché.

Mais non seulement on persiste à faire une *distinction* entre les *droits du porteur, simple citoyen, et ceux de la République*, on va même jusqu'à annoncer que *la déchéance* n'est qu'un *droit facultatif* dont la République peut user, et *qu'elle peut abandonner*, si bon lui semble. (35).

On a démontré que la loi était formelle, que ses dispositions étaient en pleine vigueur, qu'elle ne prononçait d'autre peine que la déchéance; et on ajoutera qu'une telle loi, qui ne fait point acception des personnes, est obligatoire pour tous indistinctement; et que si ses dispositions doivent être respectées, c'est sur-tout par ceux qui sont revêtus du pouvoir suprême.

Peu importe, ces moyens de considération par lesquels on cherche à faire croire que le crédit public est intéressé à ce que l'on passe par-dessus les lois

C'est au contraire dans le respect des lois que repose essentiellement le crédit public.

Il ne s'agit point de savoir si la loi du 11 frimaire atteint le but que les agens des finances se sont proposé; il ne s'agit point de savoir si la négociation qu'ils ont *induement* faite des obligations créées par cette loi, serait illusoire : il ne s'agit point enfin de savoir si la déchéance suffit pour garantir les intérêts des porteurs

(34) Rapport du ministre ci-dessus cité. -- Rapport du citoyen Arnould au nom de la commission qui a présenté la loi du 11 frimaire. Mon. numéro 70, fol. 278.

(35) Lorsque les obligations n'ont pas été souscrites, l'acquéreur n'étant redevable qu'envers la République, elle peut, aux termes de la loi du 11 frimaire, ne lui opposer, à défaut de paiement, que la déchéance. Lett. du conseill. d'état, numéro 8, 9, 10.

d'obligations, mais seulement de déterminer si la loi prononce d'autres peines que la déchéance. (36).

On dit que c'est *induement* que l'on a mis en circulation les cédules dont s'agit, parce qu'elles n'étaient, ni ne pouvaient être négociables aux termes de la loi.

Les obligations créées par la loi du 11 frimaire étaient de la même nature que celles ordonnées par la loi du 16 floréal : comme elles, ces dernières pouvaient n'être point acquittées : les souscripteurs avaient, en ne payant point, la faculté de résilier de leur contrat : enfin, les dernières comme les premières devaient rester entre les mains du receveur jusqu'à parfait paiement.

L'article 5 de la loi du 16 floréal est positif „ Ces obligations *resteront* entre „ les mains du Receveur *jusqu'à parfait paiement.*

Cette disposition se trouve implicitement confirmée et renouvellée par la loi du 11 frimaire.

Cette loi comme les précédentes porte que les cédules seront souscrites chez le Receveur, il faut donc les lui *fournir*; or les *souscrire* à son registre ou les lui *fournir*, ce n'est qu'une même signification.

Le même article qui ordonne de souscrire et fournir les obligations au receveur, veut aussi qu'elles lui soient acquittées; c'est ce qui résulte de la particule conjonctive *et* qui unit les deux mots *fournir et acquitter.* (37)

Le législateur n'a point indiqué un nouveau receveur; bien loin de l'avoir fait, il n'a rendu que plus positive l'obligation de *s'acquitter* ou de *se libérer* entre ses mains.

Ceci est plus palpable quand on considère que la Régie des domaines est tenue de faire prononcer *sans délai* la dépossession des acquéreurs faute d'avoir fourni et *acquitté* leurs cédules. (38). La Régie est donc la partie poursuivant

(36) Il ne fait pas attention que si la déchéance exprimée par la même loi *suffit* pour *l'intérêt de la République* en ce qu'elle ouvre le moyen de revendre le bien non payé, cette *déchéance n'atteint* point le but intéressant pour le porteur d'obligations, puisqu'elle *ne lui assure pas le paiement* comptant des obligations échues et à l'échéance de celles non échues... Lettre du conseiller d'état Regnier du 25 thermidor an 8, No. 10 ci-après.

(37) „ Les mêmes acquéreurs sont également tenus dans le mois de la publication des présentes, „ de *souscrire*, pour la partie payable en numéraire, *entre les mains du receveur des domaines nationaux*, „ quatre cédules ou obligations etc. etc. . . . Faute par les dits acquéreurs de *fournir et acquitter* „ leurs cédules ou obligations, ils seront *pareillement* déchus de plein droit et dépossédés, sans qu'il „ soit besoin d'aucunes formalités. (Art. 11.) „.

(38) „ La Régie de l'enregistrement sera tenue de faire exécuter *sans délai*, la dépossession des „ acquéreurs tombés en déchéance, faute d'avoir satisfait aux dispositions des art. 10 et 11 de la présente loi.

„ Les dégradations par eux commises seront constatées et liquidées tant par l'administration centrale „ que par la régie de l'enregistrement, après vérification et rapports d'experts, et le montant en „ sera exigible en numéraire... art. 13 même loi.

la rentrée des deniers au nom de la Nation; ces deniers doivent *rentrer dans sa caisse*; mais en aucun cas elle n'a été chargée de poursuivre le recouvrement des deniers dus à des particuliers.

Dans les lois des 16 brumaire, 16 pluviôse, 9 germinal, 2 fructidor an 5, et 26 vendémiaire an 7, où il y a revente à la folle enchère, où il est dit que les cédules sont négociables, la régie n'en doit en aucune manière poursuivre le recouvrement; cela concerne uniquement les porteurs de cédules, leurs actions et la manière de les exercer est clairement indiquée. Les cédules créées par cette loi sont donc exigibles et recouvrables d'une toute autre manière que celles qui proviennent de la loi du 11 frimaire.

Nous voyons encore dans cette dernière loi que la régie est chargée de constater et liquider les dégradations après que la dépossession est effectuée : que le montant en sera déterminé par des experts, et qu'il sera exigible en numéraire : cette mesure ne serait-elle pas inutile si les cédules étaient négociables; car aprés la transmission des obligations, la République n'aurait plus d'intérêt à la chose, et la folle enchère serait-là pour fixer la différence du prix provenant des dégradations.

Cette attribution de la régie prouve encore sous un autre rapport, que le paiement des cédules doit d'autant plus avoir lieu entre les mains de ses préposés, qu'elle est même chargée de percevoir des dommages et intérêts qui, en quelque sorte et à certains égards, remplacent les obligations.

Enfin, en prouvant, comme on a fait, qu'il n'y a point lieu à la folle enchère, il s'ensuit que l'intention du législateur n'a point été de rendre les cédules du 11 frimaire négociables; car, sans la folle enchère, comme l'observe très-bien le conseiller d'état Regnier dans ses lettres rappellées plus haut, les cédules ne sont pas reçues dans le commerce, et le porteur n'acquiert rien par la déchéance.

Mais dira-t-on, les cédules sont payablesau *porteur*..... Cette objection, la plus forte que l'on puisse faire, tombe d'elle-même si l'on considère que la loi n'a point ordonné cette forme, qu'elle ne se suit point pour les obligations voulues par les autres lois, que le modèle a été envoyé imprimé, (39), et que les acquéreurs pressés par les circonstances ont été forcés de signer ce qu'on leur a présenté, à peine de se voir de suite dépossédés.

D'ailleurs par cette expression, *au porteur*, on pouvait entendre, et la majorité des souscripteurs l'a ainsi entendu, que c'était pour ne point désigner le nom du receveur qui pouvait changer.

Mais abondant dans le sens des agens des finances qui veulent que les *art.* 11, 13 *et* 14 *de la loi du* 11 *frimaire ne puissent être applicables qu'aux obligations*

(39) Voir le modèle imprimé sous le N. 1 ci-après.

qui se trouvaient encore en la possession du trésor public après leur échéance et leur non paiement. (40)

Les souscripteurs peuvent soutenir avec fondement que leurs premières obligations étaient échues et non payées lorsqu'elles ont été mises en circulation, et qu'ainsi c'est par un abus condamnable que des tiers s'en trouvent aujourd'hui les porteurs.

C'est le 27 pluviôse an 8 que le receveur des domaines, entre les mains duquel on a *souscrit et fourni* les dites cédules, les a remises au receveur général du département, et c'est le 19 ventôse que le receveur général les a expédiées à la trésorerie : les premières cédules échéaient le premier germinal, et ce n'est que dans le courant de prairial que le citoyen Lariviere, qui s'en dit le porteur, les a fait protester. (41)

Les fonds sont trop rares, le numéraire est trop nécessaire dans le moment actuel, et les *hommes à argent* connaissent trop la valeur d'un écu, pour croire qu'un porteur de plus de 500,000 francs de cédules échues ait attendu deux mois pour se présenter.

Certes, ce retard est une forte présomption, qu'à l'échéance les cédules étaient encore à la possession des agents du trésor national; car, comment expliquer autrement ce silence?

Il y a plus, les porteurs sont persuadés que le remboursement ne se poursuit aujourd'hui que pour le compte du trésor national.

Est-il présumable en effet que des citoyens aient accepté en paiement des obligations qui portaient avec elles la preuve qu'elles pouvaient ne pas être acquittées, résultant de ces mots *Loi du 11 frimaire an 8*? Comment faire croire qu'ils l'aient accepté, sur-tout lorsque l'échéance étant passée, il était en quelque sorte certain qu'on n'avait pas voulu les acquitter? Comment expliquer enfin les ténèbres dont cherche à s'envelopper les vrais propriétaires de ces cédules?

On remarque que c'est d'abord le citoyen Lariviere, seul, qui paraît et s'en dit le propriétaire: (42) il déclare ensuite agir tant pour lui que pour des commettans, et ne les désigne pas (43) : enfin il déclare n'y avoir aucun intérêt, et

(40) Lettre du citoyen Regnier, du 29 prairial, imprimée par extrait sous le numéro 8 ci-après.

(41) Voir la copie de la cédule et le protêt ci-après Nos. 1 et 2 des pièces justificatives.

(42) Voir le protêt No. 2 ibid.

(43) Voir la pétition No. 3. ibid

un tiers vient répondre en son lieu et place, sans justifier de sa qualité, ni de son droit, ni vouloir déclarer si c'est pour son propre compte qu'il se présente. (44)

Si à tous ces moyens on ajoute la facilité que l'on a de faire passer des obligations *au porteur* dans une multitude de mains, sans pouvoir en suivre la trace, on demeure convaincu qu'il est certain que le recouvrement ne s'en poursuit que pour le compte du trésor public. (45)

S'il était permis de compulser les livres de la trésorerie, on aurait cette preuve complette; mais l'autorité supérieure auprès de laquelle on réclame, ne souffrira point qu'on abuse du secret qui doit accompagner les opérations du trésor national, pour nuire a de malheureux citoyens auxquels toutes les lois garantissent la plus haute protection.

J'ai successivement discuté tous les moyens au fond, et j'ai évidemment prouvé : 1°. Que la loi du 11 frimaire ne prononçait que la simple déchéance :

2°. Qu'elle avait réellement exclut la revente à la folle enchère :

3° Que les acquéreurs en souscrivant ne pouvaient croire qu'on donnerait une telle extention à leurs obligations :

4°. Que ces obligations ne devaient pas être négociées :

5°. Que rien ne prouve qu'elles l'aient été :

6°. Et enfin que les porteurs n'avaient pas plus de droit que la République elle-même.

Il reste à prouver qu'en supposant qu'il y ait lieu à la revente à la folle enchère, on ne suit point la forme indiquée par les lois. C'est ce que je vais faire dans le paragraphe suivant.

Sur la forme.

Des arrêtés ont été pris contre les différents souscripteurs par le Préfet du département de Jemmappes; ils ordonnent la revente à la folle enchère faute de paiement des obligations souscrites en vertu de la loi du 11 frimaire, et la saisie

(44) Voir la réponse au juge de paix No. 12 ibid.

(45) On assure qu'une maison de finance s'est chargée du recouvrement des cédules, moyennant une remise de 10 pour 100; que pour sûreté elle a nanti une somme assez considérable à la trésorerie nationale, qu'elle doit se rembourser de cette somme et intérêts, sur les fonds qui lui rentreront et qu'à cet effet, elle doit rendre de sa gestion un compte exact de *clerc à maître*. Si un pareil traité existe, il est évident que jamais les obligations n'ont cessé d'être la propriété du Gouvernement, et c'est un moyen illusoire de mettre en avant les intérêts des prétendus porteurs.

de tous les biens des souscripteurs, pour couvrir ce qui pourrait rester dû dans le cas où le produit de la revente ne suffirait pas. (46)

Ces arrêtés ont été pris par le Préfet *seul*, et ils annonçent que *toutes les formalités* voulues par les lois ont été remplies.

Les souscripteurs prétendent que le Préfet n'avait pas le droit de prendre *seul* de tels arrêtés, et qu'en outre les *formalités* n'ont pas été remplies.

C'est ce qu'il ne sera pas difficile de prouver.

On convient que le Préfet est *seul* chargé de *l'administration*. (47)

Mais de ce que le Préfet est *seul* chargé de *l'administration*, on ne doit pas en conclure qu'il doit connaître *seul* du *contentieux de l'administration*.

Un Conseil de préfecture est donné au Préfet, et ce Conseil doit prononcer sur les matières *contentieuses*. (48) Le Préfet peut assister à ce Conseil, il peut le présider, mais il a seulement voix prépondérante en cas de partage d'avis. (49)

Cependant le Préfet prétend avoir *seul* le droit de connaître de la difficulté survenue entre les souscripteurs et les porteurs d'obligations, d'une part, et entre les premiers et le Préfet comme prenant le fait et cause des porteurs, d'autre part.

Le Préfet appuie cette prétention sur l'art. 3 de la loi du 28 pluviôse, (50), et c'est aussi par le même article que l'on va démontrer qu'elle est dénuée de fondement.

Administrer et *juger* sont deux choses distinctes.

Administrer dans l'ordre actuelle est le fait d'un *seul* homme.

Juger c'est le fait de *plusieurs*.

L'art. 3 de la loi du 28 pluviôse désigne celui qui doit *administrer*, c'est le *Préfet seul*.

Les art. 4 et 6 désignent ceux qui doivent *juger*.

(46) Voir copie d'un arrêté, numéro 5 des pièces justificatives.

(47) Art. III, loi du 28 pluviôse an 8, bull. 17, numéro 115.

(48) Ibid. art. IV.

(49) Ibid. art. V.

(50) Voir la lettre du 29 thermidor, sous le numéro 11 des pièces justificatives.

Si l'on a cru nécessaire pour donner plus de force au Gouvernement, de confier l'administration à *un seul Magistrat*, on a reconnu que l'intérêt des administrés exigeait de remettre le *contentieux à plusieurs*, et il a été institué un *Conseil de préfecture* (51).

L'unité d'action est entière quand l'administration est confiée à un *seul homme*.

Tous les jours l'expérience démontre l'avantage du nouveau système administratif : mais cet avantage ne peut être réel qu'autant que le Magistrat *unique* se restreint dans les bornes de ses fonctions.

On ne peut rien trouver de plus lumineux sur ce qu'on doit entendre par administration, que ce qu'en dit le citoyen Rœderer, il donne une division

(51) « Dans *l'administration locale*, qu'il faut distinguer de l'administration générale, comme on » distingue les administrateurs des ministres, on reconnait les trois services distincts. »

« 1°. L'administration proprement dite. »

« 2°. Les jugemens qui se rendent d'office en matière de contributions et qui consiste dans » les différentes répartitions qui se font entre la masse et les individus. »

« 3°. Le jugement du *contentieux* dans *toutes les parties de l'administration*. »

« La loi sépare ces trois fonctions. »

« Elle remet la première à un *seul magistrat*, dans chaque degré du pouvoir administratif, savoir : *au Préfet*, au sous-préfet et au maire. »

« Elle remet *la seconde* à des conseils de département, à des conseils d'arrondissement communaux » et aux répartiteurs municipaux dont l'existence est conservée. »

« Elle remet la *troisième* à un *conseil de préfecture*. »

« . . . . Remettre le *contentieux de l'administration* à un *conseil de préfecture*, a paru nécessaire : »

« Pour ménager au préfet le tems que demande l'administration ; »

« Pour *garantir* aux *parties intéressées* qu'elles ne seront pas jugées sur des rapports et des avis » de bureaux ; »

« Pour donner à la *propriété* des *juges* accoutumés au *ministère de la justice*, à *ses règles*, à *ses formes* ; »

« Pour donner tout-à-la-fois à l'intérêt particulier et à l'intérêt public la *sûreté* qu'on ne peut » guère *attendre* d'un jugement porté par *un seul homme* : car cet administrateur qui balance avec » impartialité des intérêts collectifs, peut se trouver prévenu et passionné quand il s'agit de l'intérêt » d'un particulier, et être sollicité par ses affections ou ses haines personnelles à trahir l'intérêt » public, ou à blesser les droits particuliers. »

Extrait du discours du citoyen Rœderer, sur les motifs du projet de la loi du 28 pluviôse. Moniteur, numéro 139, fol. 553.

claire et précise de ce qui compose *l'administration purement dite* et le *contentieux de l'administration.* (52)

Le Préfet du département de Jemmappes n'eût point pris *seul* les arrêtés contre lesquels on réclame, et n'eût point persisté dans cette erreur, (53) si les affaires de *l'administration purement dite*, qui prennent tout son tems et demandent tous ses soins, lui eussent permis de méditer les rapports et la discussion qui ont précédé cette loi. (54)

Mais il annonce *des ordres auxquels il ne pouvait déroger sans compromettre sa responsabilité*, et ces ordres lui disaient que la difficulté était *purement administrative.*

Ces mots ont été sans doute mis par opposition à *l'autorité judiciaire* que quelques souscripteurs prétendaient compétente pour connaître de cette difficulté. (55)

(52) Ibid. Mon. n°. 179, fol. 553.

(53) Voir sa lettre du 29 thermidor, imprimée sous le n°. 11 des pièces justificatives.

(54) On n'entend point ici inculper le Préfet du département de Jemmappes : ce magistrat, par une administration tout à-la-fois ferme et douce, s'est concilié tous les cœurs.

Son impartialité a rattaché tous les esprits à la République ; et c'est en envoyant de tels *agens* que le Gouvernement français réunira réellement ces nouveaux départemens à la France.

(55) Cette prétention n'est pas dénuée de fondement, car il est de fait que les tribunaux sont les juges naturels et ordinaires des affaires qui se traitent soit entre particuliers, soit entre ces particuliers et la République, ou le Gouvernement.

S'il en est quelques-unes d'exceptées et réservées à l'administration, cette réserve n'est qu'une simple attribution, toujours odieuse en elle-même, et qui, conséquemment doit être restreinte et circonscrite dans les bornes les plus réserrées.

Il suit de là que l'autorité administrative ne peut être censée juge d'une affaire contentieuse, à moins qu'une loi précise ne lui en attribue clairement la connaissance.

Sans cela on confondrait bientôt les pouvoirs politiques, et sous un autre nom on ferait renaître les évocations, les commissions et tous ces établissemens odieux de l'ancien régime, contre lesquels on s'est tant récrié avec justice, et qui n'ont pas peu contribué à amener la révolution.

Ici il n'y a point de loi qui attribue clairement à l'administration la connaissance de la question, de savoir si les souscripteurs des obligations, en vertu de la loi du 11 frimaire, et qui ne les ont pas payées, ont encouru ou non la peine de revente à la folle enchère.

Donc cette question reste dans la classe ordinaire, et c'est aux tribunaux à en connaître.

Il est vrai que d'après l'article II de la loi du 28 pluviôse, relative à la division du territoire de la République et à l'organisation administrative, le conseil de préfecture prononce sur le contentieux des domaines.

Il n'est pas présumable que l'on ait entendu que le *jugement* d'une difficulté survenue entre l'administration et des citoyens soit du ressort *de l'administration purement dite.*

La discussion qui a eu lieu lors de la proposition de la loi, prouve que le Préfet n'a point *seul* la connaissance du *contentieux.*

On y voit que, bien loin de lui donner une telle attribution, on a beaucoup contesté sur le danger de laisser intervenir le Préfet dans le jugement du contentieux. (56)

On ne peut pas élever de doutes sur l'existence de la contestation, et son existence suffit pour ôter au Préfet le droit qu'il s'attribue contre le texte et l'esprit de la loi.

Sous ce point de vue les arrêtés qui prononcent la folle enchère sont illégalement pris et doivent être annullés. Mais en supposant que l'autorité qui a

Mais cette disposition générale ne suffit pas pour lui attribuer la connaissance de la question qui se présente.

C'est une question qui nait à la vérité à l'occasion d'un domaine vendu, mais qui n'a rien de domanial.

C'est une affaire entre simples citoyens, les porteurs d'obligations, d'un côté, les souscripteurs de l'autre.

C'est d'ailleurs un titre contesté, et en matière de domaines, l'autorité administrative ne connait de la contestation que lorsque le droit n'est pas *contesté au fond* : il n'est fait qu'une seule exception à ce principe général ; c'est sur les difficultés relatives à la propriété d'un domaine vendu, et à la validité de cette vente.

Quant à la question présente, elle nait, on en convient, à l'occasion d'un domaine vendu, mais elle n'est plus relative à ce domaine ; il s'agit purement et simplement de savoir si les souscripteurs personnes privées sont, pour n'avoir pas acquitté leurs obligations, soumis ou non à la poursuite des porteurs, aussi personnes privées, à la revente à la folle enchère.

C'est une contestation entre particuliers, du ressort des tribunaux ordinaires et dont l'autorité administrative ne peut connaitre, parce qu'on ne connait pas de loi qui la lui attribue.

(56) La *division* de *l'administration* du *contentieux* est une de ces idées saines et justes auxquelles on ne peut refuser d'applaudir. . . . . Je trouve que dans le projet le Préfet se mêle trop souvent et sur-tout avec trop d'influence, *aux juges du contentieux.* Disc. de Gillet de l'Oise, Mon. n°. 147, fol. 586.

On a séparé l'administration du contentieux ; mais bientôt on donne au Préfet une telle influence sur cette partie, que la ligne de démarcation se trouve bien effacée. Disc. de Ganilh, Mon. n. 148, f. 590.

Le projet, dit-on, constitue le Préfet juge et partie, en lui donnant séance et voix prépondérante au conseil de préfecture, ... La seule invention qui se trouve dans le projet du Gouvernement, c'est la distinction qu'il a faite du *contentieux* et de *l'administratif.* Disc. de Rœderer, Mon. 152, fol. 607.

Voir le Disc. de Daunon, Mon. 153, fol. 612. De Delpine, Mon. 155, fol. 619. De Chaptal, Mon. 156, fol. 624.

prononcé soit compétente, la folle enchère qu'elle ordonne ne peut avoir lieu, parce que les formalités pour y parvenir exigées par la loi du 16 brumaire n'ont point été remplies.

La loi du 16 brumaire veut que le porteur d'une obligation qui ne veut point suivre *son action personnelle* ou en *expropriation* dans les formes ordinaires fasse signifier

Une sommation au débiteur: (57)

Une dénonciation de cette sommation au Commissaire central (au Préfet) (58)

Et que le Commissaire (le Préfet) de son côté fasse faire une nouvelle sommation au débiteur. (59)

Enfin, que le tout soit signifié par un huissier. (60)

De toutes ces formalités une seule a été remplie, c'est la sommation du Préfet.

Le porteur des obligations s'est contenté pour toutes diligences de faire faire par notaire un *protêt.*

La protestation que contient cet acte, n'est point faite au débiteur, mais au citoyen *Hennekinne*, seul, comme s'il eût été chargé de payer pour les souscripteurs, tandis que son domicile était seulement indiqué pour désigner le lieu du paiement.

C'est ce qui résulte de l'acte conçu en ces termes : me suis *transporté chez le citoyen Hennekinne, receveur général du département (domicile choisi par le citoyen N. . . .) et là, parlant au dit Hennekinne*, l'ai *sommé et interpellé de payer* au dit requérant, ou à moi notaire, la somme de. . . (61)

On remarque que l'on a mis entre deux parenthèses ces mots, *domicile choisi par le citoyenn N. . . .*, ce qui prouve que c'est une énonciation détachée de l'acte que l'on se propose, et que ce n'était pas le souscripteur que l'on entendait sommer, mais bien le citoyen Hennekinne que l'on supposait chargé de payer.

(57) Art. 16.

(58) Ibid.

(59) Art. 17.

(60) Art. 16.

(61) Voir la copie du protêt, n°. 2, ci-après.

Pour que la sommation fût censée faite au *débiteur souscripteur*, il faudrait qu'elle fût conçue en ces termes : „ ai *sommé et interpellé le citoyen N.* . . . „ au domicile par lui indiqué chez le receveur général des contributions directes „ du département de Jemmappes, rue d'Havré, à Mons, où je me suis exprès „ transporté, parlant au citoyen Henneckinne, de payer . . . "

Ainsi, en supposant que le protêt fût une sommation de la nature de celles prescrites par la loi, il résulte de la teneur de l'acte produit par le porteur, qu'il n'est point une *sommation au débiteur.*

La sommation ne suffit pas seule pour autoriser l'agent du Gouvernement à prendre le fait et cause des porteurs d'obligations ; il faut encore que cette sommation leur soit *dénoncée*, et il ne paraît point que le porteur ait rempli cette formalité.

Une pétition ne peut suppléer à la formalité exigée par la loi : (62). Les dénonciations et requisitions y contenues ne sont point faites par l'officier public désigné par la loi, et ne peuvent être d'aucun poids. (63)

Tout est de rigueur en matière *d'expropriation forcée* ; si le législateur, voulant donner plus de facilité pour le recouvrement des cédules domaniales, a accordé au créancier la faculté d'employer la voie administrative, il a exigé de lui certaines formalités qui doivent être suivies à la lettre, parce qu'elles remplacent des formes rigoureuses qui sont la sauve - garde du débiteur.

Il n'existe donc point de dénonciation.

Enfin le ministère d'un huissier devait être employé pour les sommation et dénonciation, non seulement parce que c'est l'officier indiqué par la loi ; (64) mais encore parce que les actes de la jurisdiction contentieuse sont étrangers aux notaires.

Les huissiers ou sergents ont seuls le droit de faire les significations judiciaires et *extrajudiciaires.* Sous cette dernière dénomination sont compris les *sommations*, commandemens, saisies, oppositions, *dénonciations* &c. &c.

Le droit exclusif des huissiers à cet égard n'a reçu d'autres exceptions que pour les *sommations respectueuses et les protêts.*

(62) Voir la copie n°. 5 des pièces justificatives.

(63) On remarque dans cette pétition, que le citoyen Larivière n'a pas demandé la revente à la folle enchère, mais seulement que les biens désignés aux cédules, dont il est porteur, fussent revendus.

(64) Qui en donnera *récépissé à l'huissier*, art. 16, loi du 16 brumaire, bul. 87, loi 839.

On avait accordé aux notaires le droit de faire concurremment avec les huissiers les sommations respectueuses, parce que leur ministère inspirait plus de confiance et pouvait amener les parties à une conciliation toujours desirable dans ces sortes d'affaires.

Quant aux protêts ils ont le droit de les faire aussi concurremment avec les huissiers, pour le plus grand avantage du commerce, et parce que ces actes n'étant que de simples protestations n'avaient rien d'incompatible avec leurs fonctions pacifiques.

Mais il n'en est pas ainsi d'une sommation de payer, sur-tout lorsqu'elle doit être suivie d'une expropriation forcée.

Enfin le porteur même ne demande pas la revente à la folle enchère, mais seulement la *revente* : on lui accorde plus qu'il ne demande; et tandis que le vrai propriétaire caché derrière le rideau semble reconnaître lui-même que les obligations dont il est porteur ne lui donnent pas le droit de réclamer la folle enchère, les agents du Gouvernement, qui ne doivent agir que sur la requisition formelle des parties intéressées, font plus qu'on ne leur demande.

RÉSUMÉ.

Les obligations contractées en vertu de la loi du 11 frimaire ne sont que conditionnelles; le défaut de paiement ne donne lieu qu'à la résiliation du contrat d'acquisition et à la dépossession du souscripteur : la loi exclut formellement la revente à la folle enchère, et n'admet que celle par *déchéance* : cette revente doit être faite conformément à la loi du 26 vendémiaire : l'acquéreur dépossédé a droit à la restitution des sommes par lui payées ; tels sont les principes établis dans la discussion qui précède.

Il en résulte que les arrêtés du Préfet du département de Jemmappes, qui ont ordonné la revente à la folle enchère, contiennent une violation manisfeste de la loi.

Il y a plus, ces arrêtés constatent un abus d'autorité, parce qu'ils sont l'ouvrage du Préfet *seul*, tandis que c'était au Conseil de préfecture qu'il appartenait de prononcer.

Enfin ils ont été pris sans que l'on y ait pesé les moyens employés par les souscripteurs, sans même qu'on les y ait énoncés, sans qu'on leur en ait donné connaissance, et sans que les formalités préliminaires exigées par la loi aient été remplies.

Si les arrêtés pris par le Préfet n'avaient point été dictés par le ministre des finances, les souscripteurs devraient s'adresser à cette autorité pour les faire réformer : mais les décisions de ce magistrat sont formellement contraires à ce que la loi exige des acquéreurs, et il persiste dans son opinion malgré les observations qui lui ont été adressées.

Il ne reste donc aux souscripteurs d'autres ressources que d'implorer la justice des Consuls, et de demander que leur réclamation soit soumise à l'examen du Conseil d'Etat qui est chargé de développer le sens des lois, et de prononcer sur les affaires contentieuses, dont la décision était précédemment remise aux ministres.

CONCLUSIONS.

Les souscripteurs demandent qu'aux termes de l'article 11 du réglement du 5 nivôse, les Consuls renvoient la difficulté au *Conseil d'Etat*, pour, en développant le sens de la loi du 11 frimaire an 8, et de celle du 28 pluviôse, décider 1°. *si le défaut de paiement d'une obligation souscrite en vertu de cette loi ne donne lieu qu'à la simple déchéance*, ainsi que le soutiennent les souscripteurs :

2°. Si la connaissance de la difficulté survenue entre les *souscripteurs* et les *porteurs d'obligations*, d'une part, et les premiers et *le Préfet*, d'autre part, *appartient* au Préfet *seul* comme chargé de *l'administration proprement dite* plutôt qu'au *Conseil de préfecture*.

Cette demande est trop juste pour qu'elle leur soit refusée; le Gouvernement ne permettra pas que les acquéreurs soient victimes de la confiance qu'ils ont eue dans ses promesses; il ne souffrira pas que celui qui obéit aux lois, soit dupe de sa bonne volonté, tandis que ceux qui ne s'y sont pas conformé, ont non seulement l'avantage de ne point être inquiétés, mais encore celui de pouvoir se libérer à plus d'un quart de bénéfice (65)

Mais, dira-t-on, aux acquéreurs, vous ne pouvez espérer de vous maintenir en possession sans payer le prix de vos acquisitions.

C'est aussi ce qu'ils sont dans l'intention de faire, et à cet égard ils ont déja fait, et ils réitèrent des propositions qui doivent concilier l'intérêt public avec l'intérêt individuel.

En exécutant à la lettre la loi du 11 frimaire le domaine national a le droit de prendre possession des biens dont les obligations n'auront pas été remplies; mais en le faisant on doit restituer aux acquéreurs dépossédés ce qu'ils ont payé, et ils peuvent se présenter de nouveau aux enchères.

(65) On reçoit encore à la trésorerie des bons de remplacement, qui ne coûtent pas plus de 30 s. du cent, et celui qui paie de cette manière n'a point d'intérêts à acquitter.

Cette opération serait avantageuse aux acquéreurs dépossédés : ils pourraient en se rendant adjudicataires employer en paiement les répétitions auxquelles ils ont droit ; et comme la loi du 26 vendémiaire accorde la faculté d'anticiper sur les paiemens avec une remise de six pour cent par an, ils auraient non seulement un prompt remboursement, mais encore un intérêt raisonnable du remploi de leur fond.

Mais la plupart tiennent à leurs acquisitions ; sans les circonstances difficiles où l'on s'est trouvé, et si les opérations de la liquidation eussent répondu à ce qu'on en devait attendre, il y a long-tems qu'ils se fussent libérés, et ils ne seraient pas dans la dure nécessité de consentir la résiliation de leurs contrats.

Ce n'est donc qu'avec répugnance qu'ils abandonneraient des biens que depuis long-tems ils regardent comme les leurs propres, et pour les conserver ils sont prêts à faire des sacrifices.

Déja en ventôse an 7 ils ont proposé un mode de liquidation, qui, s'il eût été accepté, aurait produit leur entière libération et assuré des fonds au Gouvernement.

Ce mode de liquidation peut encore être suivi, et il produira le double effet de donner au Gouvernement la vraie valeur du bien, et d'en consolider la propriété sur la tête des acquéreurs actuels.

Car, quelque soit le mode que l'on emploie pour la revente des biens, la dépossession des acquéreurs actuels produira un très-mauvais effet, et discréditera les domaines.

Les ennemis de la République ont de tous tems cherché à entraver les ventes domaniales ; un de leurs principaux moyens était de faire entendre que ces ventes seraient annulées par le Gouvernement même, qu'il reprendrait les biens et que l'argent donné serait perdu, et aujourd'hui ils annoncent, avec un air de triomphe, et comme le complément de leur prédiction, les mesures extraordinaires que l'on prend contre les acquéreurs.

Mais on peut éviter ce grave inconvénient.

La loi du 26 vendémiaire d'après laquelle se font aujourd'hui les ventes, fixe la mise à prix des biens à huit fois le revenu.

Les ventes qui se sont faites pour payer en numéraire effectif, ne se sont pas élevées à plus de neuf fois le revenu, encore l'acquéreur avait-il l'avantage de payer en trois ans.

Celles qui se font aujourd'hui ne passent pas sept à huit fois le revenu : car, quoique la vente s'élève en double de la mise à prix, la facilité que l'on a de payer en délégations, qui perdent plus de 50 pour 100, rétablissent l'équilibre.

Ainsi, prenant pour base la loi du 26 vendémiaire, les acquéreurs, pour éviter la dépossession, pourraient être admis à se libérer à huit fois le revenu payable par sixième de deux en deux mois.

En soldant ainsi, les biens ne rapporteraient pas aux acquéreurs 10 pour 100, (66), et on en trouve facilement de seconde main à douze et demi pour cent.

On ignore les motifs qui ont engagé le corps législatif à rejetter ce mode; il convenait mieux à tous égards que la fixation arbitraire de 2 francs du cent.

Car d'après le mode adopté ceux qui avaient acheté lorsque le papier valait quinze pour cent, et ceux qui avaient acquis lorsqu'il ne valait qu'un et demi pour cent, payant d'après la même base, les premiers ont payé 13 pour 100 de moins, tandis que les autres étaient obligés de payer un demi pour cent de plus, ensorte que par ce seul fait le prix de leurs acquisitions a été augmenté d'un quart.

Si au contraire on eût pris pour base de la liquidation le revenu évalué, chaque acquisition se trouverait payée dans la même proportion, et personne n'aurait eu à se plaindre.

Mons, le 11 fructidor de l'an huit.

BOULLAND,

Homme de loi, Notaire.

(66) Les frais d'enregistrement et d'indemnité payés par les acquéreurs en retard, se sont élevés à deux années environ de revenu.

PIÈCES JUSTIFICATIVES.

N°. 1.

CÉDULE. (*)

REPUBLIQUE FRANÇAISE.

Aliénation des Domaines nationaux.

Loi du 11 Frimaire an 8.

Le soussigné. . . . . acquéreur par contrat du. . , ... d'un domaine national situé à . . . . . , . . provenant de . . . . et consistant en . . . . s'oblige de payer le premier germinal an 8, fixe, au porteur et au domicile du Receveur général des contributions du département de Jemmappes, la somme de . . . . en capital, entièrement en numéraire, pour acquit de la première obligation sur le prix du dit domaine.

Fait à Mons, le 24 nivôse an 8 de la République française.

Signé N. . . . .

Vu et certifié par le Receveur du Domaine, à Mons.

Signé DELAVAULT.

N°. 2.

PROTÊT.

L'an huit de la République française, le huitième jour du mois de prairial, après-midi, à la réquête du citoyens François-Joseph Lariviere, notaire domicilié à Mons, je, Léopold Wibier, notaire public pour le département de Jemmappes, à la résidence et patenté de la dite commune de Mons, me suis transporté chez le citoyen *Hennekinne*, receveur général du dit département, (domicile choisi par le citoyen * * * *), et là, parlant au dit *Hennekinne*, l'ai sommé et interpellé de payer au requérant, ou à moi notaire, pour lui porteur, la somme de . . . . montant des cédules ci-dessus transcrittes et souscrites, par le dit * * * *, offrant rendre icelles duement acquittées, protestant faute de ce, de les renvoyer pour être poursuivi en justice là et ainsi qu'il appartiendra par voie de contrainte, saisie, vente de meubles du dit * * * *, et par toutes autres autorisées par la loi, lequel a répondu que les fonds n'avaient pas été remis, ce que

---

(*) *Toutes les Cédules étaient imprimées dans des registres à souche.*

j'ai pris pour refus de paiement, pourquoi je lui ai réitéré les sommation, offre et protestation ci-dessus, et laissé copie tant des dites cédules que de la présente sommation, en présence et accompagné des citoyens Finet et Henri, témoins soussignés avec moi notaire susdit, dont acte.

Sont signés : A. Henri, J. B. Finet, L. Wibier, notaire public.

Enregistré à Mons, le 8 prairial an 8 de la Rép. reçu huit francs, et pour 10me. quatre-vingts centimes. Signé J. B. Voidel, surnuméraire.

N°. 3.

Petition servant de dénonciation.

Au citoyen Préfet du département de Jemmappes.

Expose le citoyen François-Joseph Lariviere, notaire patenté pour l'an 8, domicilié en la ville de Mons, rue de la Chaussée, n°. 3, au département de Jemmappes, qu'il *est chargé du recouvrement* des cédules signées par le citoyen . . . ., le 24 nivôse an 8, s'obligeant de payer au porteur et au domicile du Receveur général des contributions du département de Jemmappes, Hennekinne, au premier germinal fixe, d'après la loi du 11 frimaire même année. Par la première etc.

L'exposant, non plus que ses commettans, porteurs de ces huit cédules, ne voulant quant à présent pour le défaut de paiement, suivre leurs actions personnelles, ou en expropriation dans les formes ordinaires, et se conformant à la loi du 16 brumaire an 5, art. 16 et 17, allouant leur *dite sommation* pour toute diligence, (*) vous *dénoncent* (**) le fait, citoyen Préfet, requérant récépissé, et que dans la décade il soit fait une nouvelle sommation aux débiteurs avec déclaration que faute de payer, dans le délai de dix jours, il sera procédé *à la revente du bien par eux acquis.* (***)

Salut et respect,

Signé *J. B. Finet, pour Lariviere.*

Mons, le 19 messidor an 8.

N°. 4

Seconde Sommation.

L'an huitième de la République française, le 28 messidor après-midi, à la requête du citoyen Garnier, Préfet du département de Jemmappes, séant à Mons, et en vertu de l'article 17 de la

---

(*) *C'est-à-dire le protêt dont copie est sous No. 2.*

(**) *La pétition sert donc de dénonciation?*

(***) *Il ne demande point la folle enchère. Le citoyen Lariviere sommé de se désister des poursuites de folle enchère que l'on suit à sa requisition, a répondu qu'il ne pouvait s'en désister puisqu'elles sont le fait du Préfet seul. Sommation du 9 fructidor an 8.*

loi du 16 brumaire an 5, je soussigné Jean-Baptiste Hammond, huissier admis et immatriculé aux Tribunaux de commerce et civil établis au dit Mons, pour le même département, de la même résidence, rue de Nimy, n°. 123, patenté de la troisième classe, n°. 24, par la municipalité du dit Mons le 19 nivôse an 8, me suis transporté au domicile du citoyen . . . . lui ai fait une seconde sommation de payer dans le terme d'une décade pour tout délai le montant des cédules au porteur par lui souscrites le 24 nivôse an 8, portant ensemble la somme de . . . en capital, entièrement en numéraire, au citoyen François-Joseph Lariviere, notaire public, domicilié au dit Mons, rue de la Chaussée, n°. 3, porteur des dites cédules, à péril que les parties de domaines nationaux par lui acquises, consistant : . . . . . faisant parties des dites cédules, seront revendues par folle enchère, conformément à l'article 17 de la loi du 16 brumaire an 5. Et pour que le dit citoyen . . . n'en ignore, copie lui a été délivrée en son domicile, parlant comme dessus, lequel a répondu *qu'il proteste contre la dite sommation, attendu qu'il n'y a pas lieu à la folle enchère, et que la loi du 16 brumaire n'est pas applicable*, les jour, mois et an que dessus; étant dû pour exploit, timbre, copie et enregistrement huit francs-soixante-dix centimes.

J. B. Hammond, huissier.

N°. 5.

ARRÊTÉ qui ordonne la folle enchère.

LIBERTÉ. ÉGALITÉ.

Département de Jemmapes.

Extrait du registre des arrêtés de la Préfecture du département de Jemmapes.

Du 9 thermidor 8me. année de la République.

LE PRÉFET du département de Jemmapes,

Vu la sommation faite en son nom, le 28 messidor dernier, par le citoyen Hammond, huissier près le tribunal civil de ce département, conformément à l'art. 17 de la loi du 16 brumaire an 5, au citoyen . . . . . de résidence à . . . d'acquitter les cédules échues par lui souscrites, pour raison des domaines nationaux, formant l'art. . . . . desquelles cédules le citoyen Lariviere, notaire public à Mons, est porteur;

Vu aussi la sommation faite le 8 prairial précédent, en conformité de l'art. 16 de la loi précitée, par le citoyen Wibier, notaire public au dit Mons, au nom du citoyen Lariviere, au dit c. . . .

Vu la loi du 16 brumaire an 5, ainsi que toutes celles postérieures, relatives au mode d'aliénation et de paiement des domaines nationaux ;

Considérant qu'aucune de ces lois n'a abrogé les dispositions des art. 15, 16, 17 et 18 de celle du 16 brumaire an 5, qu'au contraire l'art. 16 de celle du 26 vendémiaire an 7, les maintient dans tout leur entier ;

Considérant que le citoyen . . . . n'a point effectué l'acquittement de ces cédules dans les dix jours de la sommation qui lui a été faite en mon nom ;

Considérant que toutes les formalités voulues par les lois ont été remplies, et que la remise des dites sommations faite au bureau des domaines, exige qu'on prenne des mesures ultérieures pour la revente des dits domaines conformément à la loi ;

Considérant encore que d'après la lettre du ministre des finances, du 8 messidor an 7, en réponse à celle que la ci-devant administration centrale lui avait adressée le 28 prairial, avec l'arrêté du 25 du dit prairial an 7, relatif au citoyen Ghillinghien, il y a lieu dans l'espèce, à la revente à la folle enchère des dits biens,

ARRÊTE :

1°. Il y a lieu de continuer et de mettre à fin contre le citoyen . . . . les poursuites, pour parvenir à revendre à la folle enchère les domaines dont il s'est rendu adjudicataire, et pour raison desquels les cédules ont été souscrites.

2°. Expédition du présent sera en conséquence adressée, avec l'état des dits biens et le montant du capital et des intérêts des cédules, au directeur de l'enregistrement et du domaine national, à Mons, avec invitation de transmettre, au plutôt, les clauses, charges et conditions particulières de cette revente.

3°. Cette opération terminée, les dits biens seront de suite remis en affiche et revendus dans la forme voulue par la loi, et dans le cas où le prix de la vente ne couvrirait pas ce qui reste dû par le citoyen . . . . ainsi que les intérêts et frais, il sera poursuivi et ses biens saisis pour en faire le paiement.

4°. Le jour de la revente sera déterminé par un arrêté spécial.

5°. Pareilles expéditions seront transmises au receveur général du prix des immeubles nationaux de ce département, et au receveur de l'enregistrement, à Mons, pour leur information et direction.

Une autre copie sera remise à la section dite de l'aliénation du bureau des domaines.

Signé GARNIER.

Pour extrait conforme : Le secrétaire général de la préfecture, *signé* LAVALLÉE.

N. B. Cet arrêté a été maintenu par le Préfet, le premier fructidor, nonobstant les défauts de formes que l'on a fait valoir, et sur-tout le défaut de qualité dans celui qui l'a pris *seul*, tandis que le *contentieux* de l'administration appartient au conseil de *préfecture*.

N°. 6.

Copie de la lettre écrite par le Ministre des finances au Préfet du département d

Paris, le 12 floréal an 8.

Citoyen Préfet,

Des porteurs de cédules souscrites par des acquéreurs de domaines nationaux échues et non payées, se plaignent de ne pouvoir parvenir à faire revendre à la folle enchère de leurs débiteurs les biens qui servent de gage à leurs titres : ils annoncent que presque par tout ils éprouvent des lenteurs, des difficultés et s'adressent au Gouvernement pour obtenir la prompte exécution de la loi.

Vous savez, citoyen, que celle du 16 brumaire an 5 porte, qu'à défaut de paiement d'une ou de plusieurs cédules, les porteurs qui ne voudraient pas suivre leurs actions personnelles et en expropriation dans les formes ordinaires, ne seront tenus, pour toutes diligences, qu'à une simple sommation au débiteur, laquelle ils dénonceront au Commissaire du pouvoir exécutif; que celui-ci dans la décade lui en fera faire une nouvelle sommation, avec déclaration que, faute par lui de payer dans le délai de dix jours, il sera procédé à la revente du bien qu'il a acquis, et qu'enfin, après l'expiration de ce délai, les biens seront revendus dans la forme de la première vente.

Ces dispositions contenues aux articles 16, 17 et 18 de la loi du 16 brumaire n'ont été *changées par aucune loi postérieure*, (*) et le nouveau système administratif ne doit pas en interrompre le cours. Aujourd'hui seulement, la sommation qui devait être dénoncée au Commissaire du Gouvernement, le sera à vous-même, et ce sera à vous à faire faire la seconde..., mais dix jours après rien ne doit vous empêcher de procéder à la revente à la folle enchère du débiteur en retard.

La stricte exécution de ces formalités tient essentiellement au crédit public. Les cédules doivent en partie soutenir le service, et cependant de quelle ressource seraient-elles si la crainte de ne pouvoir en tirer parti nuisait à leur destination? Je ne saurais donc trop vous recommander, citoyen Préfet, l'exacte et entière exécution de la loi du 16 brumaire que je viens de vous rappeller.

Salut et fraternité.

Signé : *Gaudin.*

(*) *Trois lois démentent l'assertion du ministre, ce sont celles des 27 brumaire, 16 floréal an 7 et 11 frimaire an 8. Il y a plus, il est en contradiction avec lui-même. Voir son rapport Moniteur 70, fol. 276, cité par extrait page 10 de ce mémoire.*

N°. 7.

Paris, le 12 prairial an 8.

Le Ministre des finances au Préfet du département de Jemmappes.

Je vous ai fait connaître, citoyen, par ma lettre du 12 floréal que les porteurs des cédules souscrites par des acquéreurs des domaines nationaux se plaignaient de ne pouvoir parvenir à faire revendre, à la folle enchère de leurs débiteurs, les biens qui servent de gage à leurs titres.

Ces plaintes m'ont fourni l'occasion de vous rappeller les dispositions des articles 16, 17 et 18 de la loi du 16 brumaire an 5, et la nécessité pour le crédit public d'en suivre l'exécution, cependant il parait que dans votre département des acquéreurs qui ont souscrit des obligations en exécution de la loi du 11 frimaire, feignent de croire que ces dispositions ne peuvent les atteindre, et qu'ils encourent seulement la déchéance de plein droit que la loi prononce.

Cette opinion, si elle a pu s'accréditer, est sans fondement; la loi du 11 frimaire qui a *aboli le mode de revente à la folle enchère*, relativement à la République, (*) n'a point *altéré* les *droits* des porteurs d'obligations, *ni le mode d'exécution*, résultant des articles cités en la loi du 16 brumaire an 5.

Tous porteurs d'obligations, quelle que soit la loi en vertu de laquelle elles aient été souscrites, sont fondés à la réclamer, et on ne peut se dispenser de déférer à leur requisition.

Pour copie conforme,

Signé : *Bernard Seguin.*

N°. 8.

Extrait de la Lettre du Conseiller d'état ayant le département des domaines nationaux, du 29 prairial an 8.

» Les art. 11, 13 et 14 de la loi du 11 frimaire ne peuvent être *appliqués qu'aux obligations qui* » *se trouvaient encore entre les mains de la Régie, après leur paiement et leur non échéance* (**). » En ce cas, en effet, la déchéance et la dépossession peuvent prévaloir sur la folle enchère, parce

(*) *Rien dans la loi ne peut donner lieu à cette distinction : tout, au contraire, doit la faire rejetter. Voir la consultation n°. 15 ci-après.*

(**) *Non seulement les premieres cédules pour lesquelles on poursuit, étaient entre les mains du* trésor public *à leur* échéance, *mais les trois autres y sont encore en ce moment. La* trésorerie *les a proposées à différentes maisons de banque, qui ont écrit ici pour avoir des renseignemens.*

» que le Gouvernement a la faculté de renoncer aux poursuites, sans qu'un tiers ait lieu de s'en » plaindre. »

» Il faut même observer que l'art. 15 de la loi précitée, généralement dérogatoire aux dispositions » qui y sont contraires, n'emporte pas l'abrogation des poursuites à la folle enchère, requises par » les porteurs d'obligations, en vertu des art. 15, 16, 17 et 18 de la loi du 16 brumaire an 5, sous » la garantie desquelles ils les ont reçues en paiement. En effet, pour faire cesser les droits des » porteurs, il aurait fallu non seulement une dérogation expresse et formelle, mais encore une » mesure qui désintéressât ces tiers.

» Ils ne peuvent être renvoyés au trésor public, aux termes de l'art. 18 de la loi du 16 Brumaire. » qu'après que toutes les poursuites ordonnées par cet article et les deux précédens ont été épuisées. »

» Enfin, l'art. 16 de cette loi ayant laissé aux porteurs d'obligations l'option d'exercer leurs actions » personnelles en expropriation, ou bien de requérir la revente à la folle enchère, en supposant que » l'administration pût se refuser à cette dernière mesure, les porteurs d'obligations, en suivant l'autre » devant les tribunaux, replaceraient les acquéreurs redevables dans la même hypothèse dont ils » voudraient inutilement qu'on les fît sortir. »

» Vous ne pouvez donc, citoyen Préfet, refuser aux porteurs d'obligations, échues et non acquittées, » la remise en vente à la folle enchère, conformément à la circulaire du ministre des finances, du » 12 floréal dernier.

N°. 9.

Réponse du Conseiller d'Etat ayant le département des Domaines nationaux.

La section des finances, le ministre et le conseiller d'état ont *pensé* unanimement que la revente à la folle enchère devait avoir lieu, à défaut de paiement d'obligations, lorsqu'elle était requise par les porteurs de ces obligations, et pour celles souscrites d'après la loi du 11 frimaire comme pour les autres.

Les observations contraires que contient la pétition du citoyen Boulland ne peuvent faire quelque impression qu'autant *que les obligations étant encore dans les mains de la régie*, (*) celle-ci d'après les articles 11 et 13 de la loi précitée, s'en tiendrait à la déchéance et poursuivrait la dépossession.

Les inductions tirées des lois des 27 brumaire an 7 et 16 floréal suivant, ne sont, de même, admissibles que par les cas où le paiement d'obligations n'est pas réclamé par les porteurs de ces titres.

(*) *Les obligations sont au porteur : la trésorerie cherche à négocier les trois dernieres, dont deux sont échues ; si elle y parvient, on opposera le même moyen aux souscripteurs : que doivent-ils faire pour se garantir de ce manque de loyauté ?*

C'est dans cette hypotèse que rentent les passages cités des rapports du ministre et de la ci-devant commission des finances.

Lorsque les obligations n'ont pas été souscrites, l'acquéreur n'étant redevable qu'envers la République, elle peut, aux termes de la loi du 11 frimaire, ne lui opposer à défaut de paiement que la déchéance. Il faut dire même que l'article 15 de cette loi, généralement dérogatoire à celles qui y sont contraires, n'emporte pas l'abrogation des poursuites à la folle enchère, requises par les porteurs d'obligations en vertu des articles 16, 17 et 18 de la loi du 16 brumaire an 5, sous la garantie desquels ils les ont reçues en paiement : pour faire cesser les droits des porteurs, il aurait fallu non seulement une dérogation expresse et formelle, mais encore une mesure qui désintéressât ces tiers.

Enfin l'article 16 précité ayant laissé aux porteurs d'obligations l'option d'exercer leurs actions personnelles ou en expropriation, ou bien de requérir la revente à la folle enchère ; s'il était possible que l'administration se refusât à l'application du second mode de poursuites, les porteurs d'obligations pouvant reprendre le premier, actionneraient l'acquéreur dans les tribunaux, et, par conséquent, il n'éviterait pas ce qu'il tend à écarter.

Les Tribunaux ne pourraient discuter sur la nature et la valeur de l'obligation, ces points étant réglés par la loi, ils se borneraient à ordonner le paiement. Inutilement l'acquéreur voudrait les saisir de la difficulté qu'il élève, elle est purement administrative ; et suivant l'article 13, titre 2 de la loi du 24 août 1790, les fonctions administratives sont distinctes de celles judiciaires.

Paris, 25 thermidor an 8 de la République française.

Le Conseiller d'Etat ayant le département des Domaines nationaux.

Signé : REGNIER.

Pour copie conforme, le Secrétaire général de la préfecture.

N°. 10.

Paris, le 25 thermidor an 8 de la République française.

Le Conseiller d'État ayant le département des domaines nationaux,

Au Préfet du département de Jemmappes, à Mons.

Il m'est parvenu, citoyen Préfet, copie d'une pétition qui parait vous avoir été présentée le 11 de ce mois, par le citoyen Corbisier, acquéreur de domaines nationaux, à raison des poursuites qu'il éprouve de la part du citoyen Lariviere, porteur d'une obligation par lui souscrite.

Le citoyen Corbisier soutient qu'à défaut de paiement de cette obligation il ne peut-être exposé à une revente à la folle enchère, et qu'il y a lieu seulement de renvoyer le citoyen Lariviere, à faire valoir, comme bon lui semblera, son action contre le pétitionnaire, s'il en a une.

Ses moyens sont généralement les mêmes que ceux du citoyen Boulland, autre acquéreur, sur les réclamations duquel je vous écris aujourd'hui : comme lui il soutient que la folle enchère n'étant pas ordonnée par la loi du 11 frimaire dernier, on ne peut la lui faire subir à défaut de paiement d'une obligation souscrite d'après cette loi, *il ne fait pas attention que si la déchéance exprimée par la même loi suffit pour l'intérêt de la république, en ce qu'elle lui ouvre le moyen de revendre le bien non payé, cette déchéance n'atteint point le but intéressant pour le porteur d'obligations, puisqu'elle ne lui assure pas le paiement comptant des obligations échues et à l'échéance de celles non échues*; il faut donc en revenir aux articles non abrogés de la loi du 16 brumaire an 5, qui remplissent ce double objet, autrement les obligations n'auraient pu être négociées : nul n'eût voulu s'en rendre porteur, et celui qui l'est devenu a droit de réclamer de la loyauté et de la justice du Gouvernement l'exécution des mêmes articles.

Le citoyen Corbisier, comme le citoyen Boulland, réclame le renvoi aux Tribunaux, parce qu'il suppose qu'on pourrait y mettre en délibération des points qui ne pourraient cependant y être discutés, se trouvant réglés par les lois (*), et les fonctions administratives étant distinctes de celles judiciaires.

Le citoyen Corbisier, d'ailleurs, croit pouvoir invoquer un statut local qu'il soutient non abrogé : il ne considère pas que cette assertion, si elle peut prospérer entre particuliers, ne saurait être opposée par exception, à une loi générale, dont l'exécution doit être la même sur toutes les parties du territoire de la République (**).

(*) *C'est mettre en fait ce qui n'est qu'en question. La consultation ci-après, numéro 13, prouve que bien loin de trouver dans la loi ce qu'y lisent les agens de finances, elle veut tout le contraire.*

(**) *Le moyen employé par le citoyen* Corbisier *n'est pas dénué de fondement. Les* Chartes, *dont il invoque les dispositions, sont en pleine vigueur; c'est sous l'empire de ce statut local qu'ils ont traité, et il doit avoir force de loi jusqu'à* révocation *ou* disposition contraire. Loi du 21 septembre 1792.

Or, les dispositions non abrogées de ces Chartes, *chap.* 112, *art.* 2, *ordonnent à tous* acheteurs d'actions personnelles, *par lettres ou* cédules, *de* sommer *et* avertir *les* débiteurs *de leurs droits et actions* en montrant les lettres *ou* cédules avant de pouvoir être reçu à les poursuivre. *Il fallait donc que le poursuivant se conformât à cette disposition* avant d'être reçu à poursuivre.

Il y a plus, l'art. 3 donne la faculté au débiteur de réprendre *son obligation ou* cédule *au même prix que le porteur l'a eue, et il a quinze jours après la représentation pour se décider.*

Pourquoi donc le citoyen Lariviere, *sommé de s'expliquer sur les valeurs qu'il a fournies, prétend-il n'avoir point de compte à rendre ?*

On a spéculé *sur la* bonne foi *des souscripteurs, et tous les moyens sont bons pour les empêcher de reconnaître la main qui les frappe.*

N°. 11.

LIBERTÉ. ÉGALITÉ.

Département de Jemmappes.

Mons, le 29 thermidor 8e. année républicaine.

Le Préfet du département de Jemmappes,

Au citoyen Boulland, notaire à Mons.

Je ne puis accueillir, citoyen, la demande que vous me faites de surseoir jusqu'au 5 de la décade prochaine les poursuites contre les souscripteurs de cédules, en vertu de la loi du 11 frimaire dernier, et qui ne les ont pas acquittées. Les deux lettres dont vous avez eu communication hier, sont pour moi, ainsi que celle du 12 prairial dernier, *des ordres auxquels je ne puis déroger sans compromettre ma responsabilité.* Vous prétendez, que d'après ces deux lettres, le Conseil de préfecture doit connaître de la difficulté que vous faites naître au sujet de la revente à la folle enchère. Il me semble que vous n'en avez point bien saisi l'esprit ; elles annoncent qu'elle est purement administrative ; or, d'après l'article 3 de la loi du 28 pluviôse dernier, n°. 17, le Préfet est seul chargé de l'administration. *Je ne lui soumettrai donc point le mémoire que vous annoncez*, et, malgré ma bonne volonté, je serai obligé d'aller en avant. Si vous vous croyez fondé dans votre réclamation, c'est au Gouvernement seul que vous devez la transmettre, et dans le cas où il révoquerait les instructions qu'il m'a données jusqu'à ce jour, sur la revente à la folle enchère, je me ferai un devoir et un plaisir de vous faire jouir de tous les avantages de sa nouvelle décision ; jusques là j'ai les mains liées, et ne puis vous offrir que le regret de ne pouvoir accéder à votre invitation.

Salut et fraternité, GARNIER.

N. B. La réclamation a été fournie le jour même, et le premier fructidor le Préfet, toujours *seul*, a non seulement déclaré qu'il n'y avait lieu à délibérer, mais encore que *lui seul était compétent* pour connaître de cette question *contentieuse.*

N°. 12.

Extrait du procès verbal de non conciliation, du vingt-trois thermidor huitième année républicaine, pardevant le Tribunal de paix de la deuxième section de la ville de Mons, chef-lieu du département de Jemmappes, entre la veuve Devergnies, citante, représentée par Lemaire, et le citoyen Lariviere, notaire, cité.

De la part du citoyen *Barnon* a été dit qu'il comparaissait comme *se faisant fort pour le citoyen Lariviere*, qu'*il a chargé du recouvrement des cédules en question*, et que l'affaire étant administrative, il demandait son renvoi pardevant l'autorité compétente.

Le premier comparant interpelle le second de déclarer de quelle manière les cédules dont s'agit sont passées entre ses mains, s'il en est le propriétaire, et quel a été le prix payé pour icelles ?

Le dit Barnon a répondu qu'il soutenait que l'affaire était administrative, et qu'il ne répondrait que pardevant autorité compétente.

Le premier comparant, sans approuver la qualité prise par le second comparant, demande acte de non conciliation.

Après lecture les comparans ont persisté et signé ; *sont signés* Lemaire, Barnon. *Approuvé F. J. Lariviere.*

N. B. Le citoyen Lariviere, sommé de nouveau par exploit de s'expliquer, a répondu : 1°. qu'il était *porteur* des dites cédules, et que c'est en cette qualité qu'il en a fait faire les premières *sommations* ou *protêts*. 2°. Qu'il n'a de compte à rendre à personne des *valeurs* qu'il a pu donner pour ces *cédules*. etc. etc. Extrait de la somm. du 9 fructidor an 8.

MÉMOIRE

A consulter pour les souscripteurs d'obligations, en exécution de la loi du 11 frimaire an 8.

LES obligations souscrites en vertu de la loi du 11 frimaire an 8, donnent-elles, aux porteurs, le droit d'en poursuivre le paiement contre les souscripteurs, par la voie de la folle enchère ?

ON OBSERVE :

1°. Que ces obligations sont faites au porteur.

2°. Que c'est un particulier qui s'en prétend porteur.

3°. Que le ministre des finances et le conseiller d'état ayant le département des domaines, conviennent que si le trésor national avait en sa possession les dites obligations, il ne pourrait en poursuivre le paiement par la voie de la folle enchère.

4°. Que c'est en distinguant les droits du porteur, *simple citoyen*, de ceux de la république, qu'on prétend la voie de la folle enchère fondée.

Pour l'instruction du Conseil, on produit ;

1°. Copie d'une obligation.

2°. Copie du protêt fait.

3°. Copie de la requisition faite par le porteur, au Préfet.

4°. Copie de la sommation faite à la requête du Préfet.

5°. Copie de la réclamation faite par un souscripteur contre la poursuite de la folle enchère dirigée contre lui.

6°. Copie du rapport du ministre des finances, qui a servi de base aux Consuls pour provoquer la loi du 11 frimaire.

7°. Copie du rapport fait à la Commission intermédiaire du Conseil des cinq cens, par le citoyen Arnould, au nom de la section des finances.

8°. Extrait de celui fait par le citoyen Depeyre, à la commission des anciens, pour l'approbation de la loi.

9°. Copie d'une circulaire du ministre des finances du 12 floréal an 8.

10°. Copie d'une lettre du même ministre, au Préfet du département de Jemmappes, du 12 prairial an 8.

11°. Copie d'une circulaire de la Régie des domaines, rappellant une lettre du Conseiller d'Etat du 29 prairial an 8.

12°. Copie d'un arrêté pris par le Préfet du département de Jemmappes le 9 thermidor an 8.

LE CONSEIL SOUSSIGNÉ,

Qui, a vu le mémoire et la demande qui précèdent, les pièces énoncées et autres, dit : qu'en consultant les principes, la réponse à la demande contenue au mémoire n'est pas difficile.

On va en citer quelques-uns d'une vérité sensible et reconnue; l'application s'en fera naturellement. La décision alors se présentera d'elle-même.

I. PRINCIPE. Si les termes d'une loi en expriment *nettement* le sens et l'intention, il faut s'y tenir.

II. PRINCIPE. Si la loi offre quelque doute, pour bien en entendre le sens, il faut en peser tous les termes et le *préambule*, lorsqu'il y en a, afin de juger de ses dispositions par ses motifs.

III. PRINCIPE. Les lois dont les dispositions sont en *faveur* de quelques personnes, ne doivent pas s'interpréter *durement*, ni s'appliquer d'une manière *qui tourne au préjudice des personnes que leurs dispositions veulent favoriser.*

IV. PRINCIPE. Les lois qui établissent des peines, celles qui prescrivent des formalités, s'interprètent de sorte qu'on ne les applique pas *au delà* de leurs dispositions, et qu'au contraire, on y donne tous les tempéramens d'équité et d'humanité qu'elles peuvent souffrir.

Ces règles sont dictées par la raison et la justice ; elles sont écrites dans tous les codes et enseignées par tous les auteurs. : *Domat, Lois civiles, livre préliminaire, sect.* 2, Nos. 10, 12, 14 et 15, les donnent mot pour mot, telles qu'on vient de les transcrire.

Considérons la demande d'après la premiere.

Les termes de la loi du 11 frimaire en expriment-ils *nettement* le sens et l'intention?

Qu'on la lise : il n'en est pas d'aussi claire dans toute la nouvelle législation.

Et que dit-elle ! Les acquéreurs seront tenus de souscrire des cédules ou obligations. C'est une première disposition.

Mais, quoique ces cédules fussent souscrites, il était possible qu'elles ne fussent pas payées, et dans ce cas que statue la loi?

Faute par les acquéreurs de les fournir et acquitter, ils *sont déchus de plein droit*, et dépossédés sans qu'il soit besoin d'aucune formalité; et voilà tout : il n'y a pas dans toute la loi un seul mot qui parle de la revente à la folle enchère.

Cela étant, la conséquence est simple et se présente d'elle même : la faute de paiement des obligations souscrites en vertu de cette loi, n'entraîne pas la folle enchère, elle n'emporte que la déchéance.

Et cette conséquence est d'autant plus sûre qu'elle est la suite nécessaire des principes adoptés solemnellement par le Gouvernement.

Dans le rapport du ministre de la justice, proclamé par l'arrêté du 2 nivôse an 6, on lit ce qui suit : en principe, *on ne doit voir dans une loi que ce qui est écrit*; et la seule chose qui soit bien marquée dans celle-ci (du 11 frimaire) c'est la *déchéance*.

Donc, encore une fois, la faute de paiement des obligations souscrites en vertu de cette loi, n'entraîne pas la *folle enchère*, elle n'emporte que la *déchéance*, puisque la *folle enchère* n'y est pas *écrite*, et que la *déchéance* est la *seule* chose qui y soit bien marquée.

Veut-on, au reste, contre l'évidence, que la loi présente quelque doute? Hé bien! alors encore le résultat sera le même.

Dans ce cas, en effet, d'après le deuxième principe rappelé ci-dessus, il faut en chercher la solution dans le préambule, lorsqu'il y en a, afin de juger de ses dispositions par ces motifs.

Ici la loi n'a point de préambule, mais en la provoquant, le ministre des finances a fait un rapport à la commission consulaire, il est du 2 frimaire; en la présentant aux commissions du corps législatif, des membres, chargés de l'examiner, ont fait aussi un rapport. Ce que ces rapports contiennent vaut bien un préambule : c'est donc là qu'il faut chercher quelles doivent être ses véritables dispositions.

Or rien de plus fort contre le système de la revente à la folle enchère que ce qu'on y trouve; on le *proscrit*, on le *rejette*, on l'*exclut* formellement.

Le ministre, en effet, après avoir dit que les acquéreurs auraient la faculté de souscrire des obligations ou cédules payables dans le délai qui lui paraissait suffisant, et après avoir supposé qu'ils les souscriraient, examine le cas où ils ne les acquitteraient pas; et dans ce cas qu'elle peine propose-t-il? Est-ce la *revente* à la *folle enchère*? non assurément; il n'y voit que des inconvéniens. „ Ce mode (dit-il) n'a servi qu'à jetter de la défaveur sur les reventes, et à faire naitre entre le „ fol enchéri, le nouvel acquéreur et la République, des contestations interminables. "

Il propose simplement la *déchéance*. „ Après l'expiration du délai (ce sont ses termes) tous „ ceux qui se trouveraient encore en retard, seraient irrévocablement *déchus* de plein droit. "

Toutefois il ne se borne pas là, il déclare ses motifs. „ Le système des *déchéances* (dit-il) „ est en effet *préférable* à l'expropriation par la voie de la *folle enchère*. „

En s'exprimant ainsi, en déclarant le système des déchéances préférable à l'expropriation, par la voie de la folle enchère, il met donc la folle enchère en opposition avec la déchéance.

Mais il préfère l'une, donc il exclut l'autre.

Car, qu'est-ce que préférer? si non choisir, donner l'avantage à une chose sur une autre?

Or, qui choisit, qui donne l'avantage à une chose sur une autre, ne prend pas les deux : il prend l'une et abandonne, délaisse, rejette l'autre.

Il se présentait au ministre, en cas de non paiement des obligations souscrites, *deux peines*; ou la *déchéance*, ou la *folle enchère* : il a préféré, il a choisi la déchéance; donc il a exclus formellement la folle enchère.

Le citoyen Arnould, dans son rapport à la commission du conseil des cinq cens, s'explique dans les mêmes termes : „ Le système des déchéances est *préférable* à l'expropriation par la voie de la „ folle enchère. „

Ainsi, par-tout, dans les rapports, on ne veut point de la folle enchère, on *préfère* la déchéance.

Et, comme la loi ne prononce que la déchéance, qu'elle ne sonne pas le moindre mot de la folle enchère, qu'elle a choisi, qu'elle a préféré la déchéance à la folle enchère, en la choisissant, elle a rejetté la folle enchère.

Lors de sa rédaction, lors de sa présentation aux législateurs, l'alternative des deux peines était toujours là : mais on a préféré, on a pris, si l'on peut s'exprimer ainsi, la déchéance, donc on a formellement exclus la folle enchère.

Donc, ainsi qu'on l'a dit, en supposant, contre l'évidence, que la loi aurait laissé quelque doute, on voit par les actes qui lui servent de préambule, quelles sont ses dispositions, c'est de prononcer la déchéance, et nullement la folle enchère.

Le troisième principe est aussi décisif : la loi du 11 frimaire est toute en faveur des acquéreurs souscripteurs d'obligations; c'est un bienfait qu'elle leur accorde.

„ Tous les acquéreurs (dit-elle, art. 10) sont tenus de déclarer qu'ils entendent profiter des „ *bénéfices* de la présente loi. „

Il ne faut donc pas l'interpréter *durement*, il ne faut donc pas l'expliquer d'une manière *qui tourne à leur préjudice.*

Or ce serait la faire tourner à leur préjudice, ce serait l'interpréter de la manière la plus *dure*, que de prétendre qu'en souscrivant les cédules qu'elle autorise, ils ont encouru la folle enchère, tandis, cependant, que la loi n'en dit pas un mot, que cette peine n'y est point *écrite*, qu'il n'y a qu'une chose qui y *soit bien marquée*, la déchéance ; tandis, enfin, que dans les rapports faits aux Consuls et au corps législatif, on dit en termes : que la déchéance est *préférable* à la folle enchère.

Dans ces circonstances, on le répète avec confiance, la revente à la folle enchère ne peut avoir lieu.

Le quatrième principe amène la même conséquence.

La loi du 11 frimaire établit une peine contre les souscripteurs d'obligations qui seraient en faute de les fournir et les acquitter, et cette peine, c'est leur déchéance de plein droit et leur dépossession, sans qu'il soit besoin d'aucune formalité ; et, ce qu'il ne faut pas perdre de vue, cette peine a paru *préférable*, elle a été préférée à toute autre, notamment à la revente à la folle enchère.

Or il est généralement reconnu que les lois qui établissent des peines, ne doivent jamais être appliquées *au-delà* de leurs dispositions. C'est de ces sortes de lois qu'on peut dire avec plus forte raison que des autres, ce qu'a dit le ministre de la justice : *En principe, on ne doit voir dans une loi que ce qui est écrit.* Jusques là même, que lorsqu'il faut en faire l'application, on y donne tous les tempéramens d'équité et d'humanité qu'elles peuvent souffrir.

On ajoutera ce que disait encore le ministre de la justice, dans le rapport cité : „ Une maxime „ certaine et une maxime qui est en principe, c'est que la force d'une loi consiste dans sa propre „ existence, et qu'on ne peut la méconnaître tant qu'elle subsiste. „

La loi du 11 frimaire subsiste ; elle ne prononce que la déchéance, elle ne prononce pas la folle enchère, elle a *préféré* la première peine à la seconde ; donc, cette seconde peine, la revente à la folle enchère, ne peut-être à craindre.

La prononcer en effet, ce serait *méconnaître* la force, l'existence de la loi, ce serait aller *au-delà* de ses dispositions, ce serait vouloir ce qui n'y est pas *écrit*, ce serait enfin, en en faisant l'application, non seulement rejetter tous les tempéramens d'équité et d'humanité qu'il faudrait pourtant y donner, s'il en était besoin, mais au contraire aggraver la peine, ce qui est diamétralement opposé à tous les principes, à la raison, à l'équité.

Quelque vrais que soient ces principes, on dit et on le démontre par les pièces produites, que la section des finances du conseil d'état, le ministre des finances et le conseiller d'état ayant le département des domaines nationaux, les méconnaissent, du moins, sous quelques rapports ; qu'ils avouent qu'ils militeraient *relativement à la République*, mais qu'ils sont sans force vis-à-vis des porteurs.

Qu'il soit permis de le dire : cette proposition, la distinction qu'on fait entre la République et les porteurs d'obligations, heurtent toutes les règles et tous les principes.

Il est bien certain, en effet, que *personne ne peut transférer à un autre le droit qu'il n'a pas.* Ce principe consigné en la loi 54, au Digeste, titre des règles de droit, est regardé, et avec justice, par tout le monde, comme un des plus certains qui existe.

Or, le droit des porteurs d'obligations leur a été transféré par la République, et c'est envers la République, et non envers les porteurs que les souscripteurs se sont originairement engagés.

Leurs obligations portent que c'est en vertu de la loi du 11 frimaire qu'ils les ont consenties :

Toutes disent, en texte, que c'est pour aliénation de domaines nationaux :

Toutes, même, désignent individuellement le domaine qui fait l'objet de leur engagement ;

Point de doute, donc, que c'est envers la République que l'engagement originaire est fait.

Mais le ministre et le conseiller d'état préposé aux domaines conviennent que la République, si elle était restée nantie des obligations passées à son profit, ne pourrait pas en poursuivre le paiement par le mode de la revente à la folle enchère.

Donc, (et cette conséquence est nécessaire), ou il faut anéantir le principe rappellé ; ou les porteurs d'obligations, *lesquelles ils tiennent de la république*, ne peuvent pas plus qu'elle en poursuivre le paiement par la voie de la *folle enchère.*

Ils n'ont ni autre, ni plus ample droit qu'elle n'avait, et ce droit est circonscrit et déterminé à la *déchéance* : ils ne peuvent donc pas en avoir d'autre.

Il y a plus, dans les principes il faut toujours chercher à diminuer l'obligation des débiteurs plutôt qu'à l'aggraver :

Tout s'interprète en faveur des débiteurs.

Ici, en adoptant le système des agens des finances, on ferait tout le contraire ;

On ne conçoit pas comment on peut proposer et s'arrêter à semblable opinion.

D'un autre côté, il faut toujours chercher quelle a été l'intention des parties contractantes, pour savoir ce qu'elles ont voulu, et connaître, sur-tout, à quoi un débiteur est obligé.

Or, lorsque les acquéreurs ont souscrit leurs obligations, dans quelle position se trouvaient-ils ?

Ils voyaient dans le rapport du ministre, le mode de revente à la folle enchère, présenté comme sujet à tous les inconvéniens :

Ils voyaient plus ; ils y lisaient que ce mode avait déja été abandonné dans certaines circonstances, *et qu'il paraissait convenable d'appliquer à tous les acquéreurs ce qui n'avait été décrété qu'à l'égard de quelques-uns :*

Ils voyaient une loi adopter ces dispositions et ne procurer que la déchéance ;

C'est dans cette position qu'ils ont souscrit leurs obligations.

Pouvaient-ils entendre, pouvaient-ils prévoir qu'en les souscrivant ils se soumettaient à la revente à la folle enchère ? Le Gouvernement, lui-même, l'entendait-il ainsi ?

Non, sans doute, puisqu'il pensait alors que le mode de revente à la folle enchère était *impraticable*, que la simple déchéance était *préférable*, et qu'il était *convenable d'appliquer à tous les acquéreurs ce qui n'avait été décrété qu'à l'égard* de quelques-uns, savoir : *d'abandonner le mode de revente à la folle enchère.*

Comment donc peut-on dire aujourd'hui que ce mode doit avoir lieu, parce que les obligations sont passées entre les mains des tiers, tandis que lorsqu'elles ont été consenties, aucune des parties ne pensait pas qu'il existât, et pour mieux, était convaincu qu'il n'existait plus ?

Une obligation, généralement parlant, ne change point de nature lorsqu'elle change de mains, elle subsiste telle qu'elle est.

Mais encore une fois, dans les mains du Gouvernement, les obligations dont on parle, n'emportent point la revente à la folle enchère ;

Donc, elles ne l'emportent point dans les mains des porteurs.

On ira plus loin. La distinction entre la République et les porteurs, entraîne une conséquense si absurde, qu'il suffira de la présenter pour faire voir le vide de cette distinction.

Qu'on suppose que le Gouvernement n'ait mis en circulation qu'une partie des obligations, et que le surplus soit resté dans ses mains :

Qu'on suppose qu'aucun des souscripteurs ne paie, et qu'il faille faire les poursuites autorisées ;

Quel sera le résultat ? Ceux dont les obligations sont en circulation, seront soumis à la revente à la folle enchère, tandis que ceux dont les obligations sont restées entre les mains du Gouvernement n'encourront que la déchéance.

Quelle différence dans le sort des uns et des autres !

La loi ne sera donc plus la même pour tous ? Elle entraînera des privilèges, des préférences ?

Mais cela ne peut avoir lieu :

Donc, la distinction qu'on fait, ne peut se soutenir.

L'intérêt particulier des porteurs, sur lequel on appuie encore, ne doit point entrer ici en considération ; car jamais, non jamais, on a vu que l'intérêt d'un créancier devait, pouvait aggraver l'obligation d'un débiteur.

Au reste, de quoi ont-ils à se plaindre ?

En prenant ces obligations ils savaient qu'elles étaient souscrites en vertu de la loi du 11 frimaire. Elles le portent en texte.

Instruits de la loi, ils devaient savoir qu'elle ne prononce d'autre peine que la déchéance; qu'elle ne leur donne point le mode de la revente à la folle enchère.

De quel droit voudraient-ils donc aujourd'hui faire exécuter ce mode ?

En vertu, diront-ils des art. 15, 16, 17 et 18 de la loi du 16 brumaire an 5, sous la garantie desquels nous les avons reçues en paiement; (c'est-là, en effet, tout le fondement du système qu'on combat.) et ces articles subsistent malgré l'art. 15 de la loi du 11 frimaire, quoique généralement dérogatoire aux dispositions qui y sont contraires, parce que, pour faire cesser les droits résultans de la première de ces lois; il fallait non seulement une dérogation expresse et formelle, mais une mesure qui nous désintéressât.

On leur répond d'abord que s'il était vrai que ces articles subsistassent, ils subsisteraient pour la république comme pour eux.

Tous les agents du Gouvernement, chargés des domaines et des finances, conviennent cependant qu'ils ne subsistent plus relativement à la République;

Donc, il est faux de dire qu'ils subsistent relativement aux porteurs.

On ajoute qu'il est faux qu'il fallait, dans la loi du 11 frimaire, une dérogation spéciale: une dérogation générale comprend tout.

Au surplus, que c'est dans le rapport du ministre, ainsi qu'on l'a fait voir en examinant le deuxième principe, qu'il faut chercher et que se trouvent le véritable sens, les véritables dispositions de la loi.

Or, on a vu qu'il dit en termes: que la déchéance lui parait *préférable* au mode de la revente à la folle enchère, et on a vu, en même tems, que cette expression, *préférable*, emportait nécessairement l'exclusion de la revente à la folle enchère.

On vient de voir, tout-à-l'heure, que dans ce même rapport il disait encore, qu'il lui paraissait convenable d'appliquer à tous les acquéreurs ce qui n'avait été décrété qu'à l'égard de quelques-uns, savoir: *d'abandonner le mode de revente à la folle enchère.*

Peut-on une dérogation plus précise, une dérogation plus formelle à ce mode, ou, si l'on veut, aux articles 15, 16, 17 et 18 de la loi du 16 brumaire an 5, qui a introduit ce mode ?

Quant à la mesure, pour leur désintéressement on y a répondu, plus haut, en disant qu'en prenant les obligations, ils savaient qu'elles étaient souscrites en vertu de la loi du 11 frimaire, et qu'instruits de la loi, ils devaient savoir qu'elle ne prononçait point d'autre peine que la déchéance.

Dans ces circonstances, il ne leur en est dû aucun autre que celui décrété par la loi.

Que s'ils insistent, que c'est sous la garantie de la loi du 16 brumaire qu'ils ont pris les obligations, les souscripteurs leur répondront, avec fondement, que cette garantie n'est point de leur fait, qu'ainsi ils n'y sont point tenus, et qu'au total, de quelle part qu'elle vienne, elle ne peut point aggraver les obligations qu'ils ont contractées.

En vain diraient-ils que, si tout-à-l'heure on leur a demandé de quoi ils ont à se plaindre, ils peuvent à leur tour faire la même demande aux souscripteurs, puisque l'article 16 de la loi du 16 brumaire ayant laissé aux porteurs d'obligations l'option d'exercer leurs actions personnelles, ou en expropriation, ou bien de requérir la revente à la folle enchère, à défaut du deuxième mode ils actionneraient les acquéreurs dans les tribunaux, et par conséquent, ils n'éviteraient pas ce qu'ils tendent à éviter.

La réponse est facile. Cette observation suppose toujours que les dispositions de la loi du 16 brumaire sont en vigueur, et on a fait voir que cette supposition était une erreur, qu'il n'y avait que la loi du 11 frimaire qui subsistât.

Or, cette loi prononce la *déchéance* : par la *déchéance* le contrat est *résout*, la vente ne subsiste plus, elle est *rescindée*, *anéantie* :

L'acquéreur, conséquemment, n'en doit plus le prix.

Mais ce prix est représenté par les obligations ;

Par l'événement elles sont sans cause :

Donc elles ne laissent plus d'actions, et les souscripteurs n'ont pas à craindre de se trouver dans une position qu'ils tendent à écarter.

En résumé, de quelque côté qu'on envisage la demande soumise à la délibération du conseil, il est d'avis que les obligations souscrites en vertu de la loi du 11 frimaire, ne donnent ni aux porteurs, ni à qui que ce soit, le doit d'en poursuivre le paiement contre les souscripteurs, par la voie de la folle enchère.

Délibéré à Mons, le 3 fructidor an 8.

Signé F. G. J. FAIDER. GENDEBIEN.

De l'Imprimerie de H. J. Hoyois, Libraire, rue des Fripiers, n°. 12.

www.ingramcontent.com/pod-product-compliance
Lightning Source LLC
LaVergne TN
LVHW010105230826
846091LV00005B/2102

* 9 7 8 2 0 1 1 3 4 4 0 3 8 *